Die Unstrutbahn Artern-Naumburg

Paul Lauerwald

Titelfoto:
Unterhalb der Freyburger Wahrzeichen beschleunigt die Weißenfelser 201 059
am 14. 10. 1994 den Personenzug 14620 (Teuchern-Nebra) in Richtung Laucha.
Foto: W. Herdam

Rücktitel:
Deckblatt des Festprogrammes zur Einweihung der Unstrut-Eisenbahn.
Sammlung des Autors

Verlag:
Wolfgang Herdam Fotoverlag, Bahnhofstraße 32, 50389 Wesseling

Herstellung:
Druckerei Möbius, Salzdamm 50, 06556 Artern

Wolfgang Herdam

Fotoverlag/Lokbild-Service

Vorwort

Nebenbahnen, insbesondere dann, wenn sie nicht über spektakuläre Besonderheiten verfügen, standen in der Vergangenheit kaum im Blickpunkt des öffentlichen Interesses und waren selten Ziel publizistischer Aktivitäten und eisenbahngeschichtlicher Untersuchungen.

Das ist bedauerlich, hat doch auch das "Gewöhnliche" seinen Reiz und ist in vielen Fällen schon zum Außergewöhnlichen geworden. Zudem haben auch Nebenbahnen ihren Stellenwert im Gesamtnetz der Eisenbahnen, und ihre Bedeutung für die Entwicklung des von ihnen erschlossenen Umfeldes ist kaum zu überschätzen.

Das Schattendasein, das Nebenbahnen in der Regel führen, macht es äußerst schwierig, Fakten- und Bildmaterial für eine fundierte Darstellung ihrer Geschichte zu finden. Das war auch bei der Vorbereitung dieses Buches über die Unstrutbahn der Fall.

Umso erfreulicher ist es, daß viele die Erarbeitung dieser Dokumentation durch Informationen und Bildbereitstellung unterstützten. Gedankt seien an dieser Stelle besonders Herrn Pfarrer Lenz aus Freyburg, dem Lokhistoriker Andreas Stange, der die Lokomotivstatistik beisteuerte, Herrn Bernhard van Engelen, Karsdorfer Eisenbahn, sowie den vielen anderen Freunden der Unstrutbahn, die am Gelingen der Publikation mitwirkten.

Einen herben Verlust stellt das nach der Wende quasi abhanden gekommene Bildarchiv der Reichsbahndirektion Erfurt dar, das durch "Eisenbahnfreunde" regelrecht geplündert wurde. Mögen sie sich im stillen Kämmerlein an ihren Schätzen freuen, der Nachwelt haben sie damit keinen Dienst erwiesen!

Nichtsdestotrotz wünschen sich Verfasser und Verlag, daß auch der kritische Leser dieses Buch nicht ohne Gewinn aus der Hand legen wird und die Unstrutbahn mehr ins Blickfeld öffentlichen Interesses gelangt, geht es doch gerade in nächster Zukunft um den Bestand des Schienenweges zwischen Kyffhäuser und Saaletal.

Vielleicht gelingt es der Karsdorfer Eisenbahn, unserer Nebenbahn als Bestandteil eines BURGENLANDBAHN-Verkehrsprojektes eine tragfähige Perspektive zu bieten. Auf Seiten der Deutschen Bahn AG steht der IC- und ICE-Verkehr im Mittelpunkt der Aktivitäten, regionale Interessen wurden in die Kommunalpolitik delegiert.

Hoffentlich sind sich die Volksvertreter ihrer Verantwortung bewußt...!?
Unsere Unstrutbahn hat es verdient...!!

Wolfgang Herdam
Paul Lauerwald

An diesem Buch wirkten mit:

G. Bank, Bildarchiv der Reichsbahndirektion Erfurt, W. Bischoff, R. Böttcher, B. v. Engelen, H. Henze, R. Heym, S. u. U. Kandler, S. Klein, M. Leichsenring, Pfarrer Lenz, R. Lüderitz, N. Müller, C. Pitzen, U. Rückriem, S. Schmidt, B. Schröder, A. Stange, G. Wagner, D. Winkler.

Im März 1982 schleppt die Sangerhäuser 44 0093 den Güterzug 52498 unterhalb der Vitzenburg durch den Zingster Bogen. Foto: N. Müller

Inhaltsverzeichnis

Bildteil

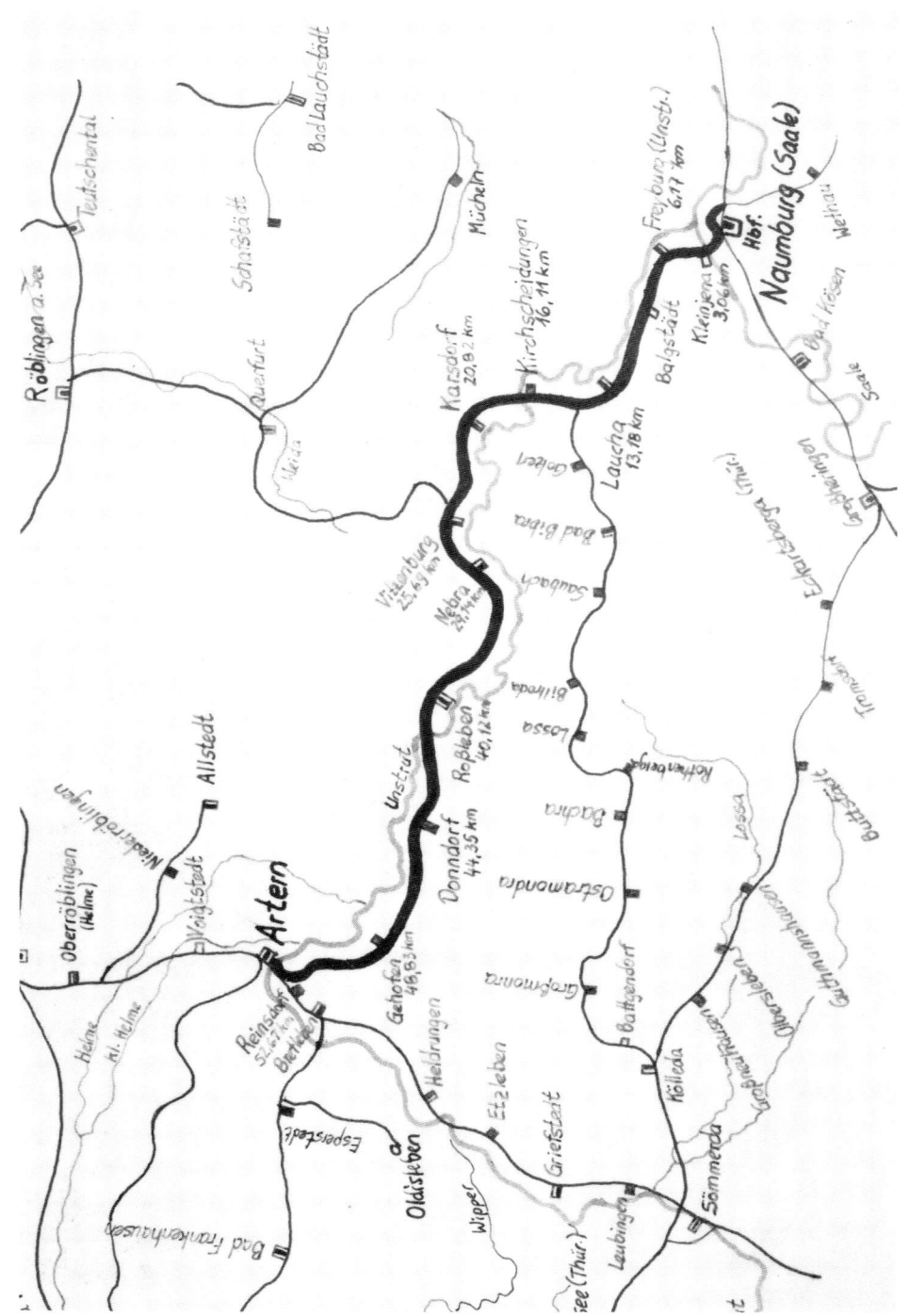

Streckenübersicht der Unstrutbahn nach einer Karte von 1935

Verkehrswege und Verkehrssituation
im Unstruttal in der Voreisenbahnzeit

Im Mittelalter und der frühen Neuzeit genügten unbefestigte Wege, die die einzelnen Orte im Unstruttal miteinander verbanden. Wichtige Handelswege mieden dieses Flußtal. Lediglich die von Naumburg über Freyburg nach Querfurt führende Straßenverbindung, die das südliche Unstruttal teilweise nutzte, besaß eine größere Bedeutung.

Als das Unstruttal im Ergebnis der Freiheitskriege und der damit verbundenen Neuordnung Europas 1813 unter preußischer Herrschaft gelangte, wurde schrittweise das vorhandene Wegenetz in befestigte Straßen und Chausseen umgewandelt.

Dieser Ausbau erhielt vielfältige Impulse durch die Gründung des Deutschen Zollvereins 1834 und die beginnende Industrialisierung. Durch die Gründung des Zollvereins und den damit verbundenen Wegfall der Zollschranken rückten die benachbarten thüringischen Kleinstaaten, die anhaltinischen Fürstentümer, aber auch die sächsischen Handelsstädte näher.

So war das untere (südliche) Unstruttal durch leistungsfähige Straßen zwischen Naumburg und Nebra recht erschlossen. Das mittlere Unstruttal dagegen konnte nichts Gleichwertiges bieten. Zwar waren Artern und Nebra in zwei Nord-Süd-Verbindungsstraßen Sangerhausen – Artern – Heldrungen bzw. Querfurt – Nebra – Bad Bibra eingebunden, leistungsfähige, durchgehende Ortsverbindungen fehlten. Das breite Unstruttal, flankiert von den Höhenzügen Finne und Ziegelrodaer Forst, war infolge häufiger Überschwemmungen der Unstrut nur zeitweilig passierbar und bot so einem leistungsfähigen Straßennetz natürliche Grenzen.

Regelmäßige und durchgehende Postkutschenverbindungen fehlten fast ganz bzw. erreichten nur punktuell das Unstruttal. Der Reiseverkehr war so im wesentlichen auf Gelegenheitsverkehr per Fuhrwerk, auf die Postkutsche angewiesen.

Ähnlich sah die Situation im Gütertransport aus. Lediglich Massengüter wie Baustoffe, Kohle, landwirtschaftliche Produkte wurden mit der seit 1795 eingeführten Unstrutschiffahrt befördert. Aber auch diese war äußerst unzuverlässig.

Hochwasser, insbesondere im Frühjahr, Niedrigwasser in trockenen und heißen Sommern, Eisgang im Winter bildeten Hindernisse, die die Flußschiffahrt auf das Äußerste behinderten.

Um die Mitte des 19. Jahrhunderts begann der Übergang zur industriellen Produktion, die sich in erster Linie auf die hier schon seit langem übliche Produktpalette erstreckte. Zuckerfabriken wurden in Artern, Bottendorf, Roßleben, Vitzenburg und Laucha eröffnet, Säge- und Handelsmühlen sowie Brauereien wurden aus Kleinstbetrieben zu leistungsfähigen Unternehmen. Auch das insbesondere in Wangen und Nebra beheimatete Steinbruchgewerbe weitete sich nicht unerheblich aus.

Die Erträge der Landwirtschaft steigerten sich durch die Überwindung der Dreifelderwirtschaft, die Separation und modernere Düngungsmethoden.

All das machte neue zuverlässige und leistungsfähige Verkehrsverbindungen notwendig. Das vorhandene Wegenetz und die Leistungsgrenzen von Pferd und Wagen sowie die durch ihre Witterungsabhängigkeit unzuverlässige Unstrutflußschiffahrt konnten diesen Bedingungen nicht gerecht werden. Der Ruf nach dem Bau einer Eisenbahn durch das Unstruttal wurde immer lauter, zumal die Vorzüge dieses neuen Verkehrsmittel sich in nicht allzuweiter Entfernung deutlich zeigten. Die Thüringer Eisenbahn Halle – Naumburg – Erfurt, durchgehend eröffnet am 1. April 1847, die Halle-Casseler Zweigbahn über Sangerhausen – Nordhausen, am 10. Juli 1866 bis Nordhausen in Betrieb genommen, die "Pfefferminzbahn" Großheringen – Kölleda – Straußfurt, am 14. August 1874 eröffnet, und die Strecke Erfurt – Artern – Sangerhausen, am 1. Oktober 1879 eingeweiht, demonstrierten auch den Bewohnern, insbesondere den wirtschaftlich führenden Kräften, überzeugend die Vorzüge dieses schienengebundenen Verkehrs.

Nicht verwirklichte Bahnbaupläne

Erste Pläne für den Bau einer das Unstruttal erschließenden Eisenbahn datieren in das Jahr 1851. Die Regierung Preußens gab ein Projekt in Auftrag, daß die Schaffung einer zweckmäßigen Abfuhrmöglichkeit der Produkte des vor kurzem in Artern entdeckten Steinsalzlagers beinhaltete. Kein Geringerer als der Erbauer und erste Betriebsdirektor der Thüringischen Eisenbahn, Oberingenieur August Mons (geboren am 24. August 1809 in Rathenow, verstorben am 13. August 1872 in Erfurt) war mit dieser Aufgabe befaßt. Die Arbeiten wurden jedoch nach kurzer Zeit wieder eingestellt. Das bei Staßfurt entdeckte Salzlager versprach eine leichtere Ausbeute und größere Rendite, weshalb die Erschließung des Arterner Steinsalzvorkommens unterblieb. Als Konsequenz wurden die entsprechenden Baupläne einer Unstrutbahn von Artern in Richtung Thüringische Eisenbahn fallengelassen. Dafür erhielt die Steinsalzlagerstätte bei Staßfurt ihren Eisenbahnanschluß durch die am 12. Mai 1857 in Betrieb genommene Strecke Staßfurt - Schönebeck.

Nach diesem ersten, staatlich initiierten, aber dann gescheiterten Bahnbauprojekt durch das Unstruttal blieb es lange ruhig um ein solches Vorhaben. Mitte der sechziger Jahre des vorigen Jahrhunderts regten sich dann in den Orten des Unstruttales Initiativgruppen zum Bau einer solchen, das Tal erschließenden Eisenbahn. 1865 bildeten sich in einigen Orten "Localcomites", die sich zu einem "Centralcomite" zusammenschlossen. Auf ein entsprechendes Gesuch hin überließ das Preußische Handelsministerium die 1851 gefertigten Vorarbeiten. Eine weitgehende Unterstützung wurde weder von der preußischen Regierung noch von benachbarten Bahnen, an die ein Anschluß angestrebt wurde, gegeben. Der Deutsch-Österreichische Krieg 1866 führte zum Erliegen aller Bemühungen. Ein Versuch, sie nach diesem Krieg wieder aufleben zu lassen, fand kein Echo. Und so löste sich das "Centralcomite" auf.

Durch die Initiative des Königlichen Kreissekretärs Dr. H.A. Mascher von Naumburg, der sich in einem Vortrag in einer außerordentlichen Sitzung des Naumburger Gewerbevereins mit dem Thema "Naumburg und die Eisenbahnen in den Thälern der Saale und Unstrut" beschäftigte, gelang es die Naumburger Gewerbebetreibenden für das Projekt einer Bahn von Naumburg durch das Unstruttal zu begeistern. Es wurde ein "Comite für Eisenbahnfragen am hiesigen Orte" unter Vorsitz von Dr. Mascher gebildet. Der Baumeister Pleßner, der als Vertreter der "General-Enterprise der Nordhausen-Erfurter Eisenbahn", die sich gerade im Bau befand, an dem Vortrag teilgenommen hatte, übernahm die Erarbeitung eines Programms für die Arbeit des "Comites". Dieses hatte zwei Schwerpunkte:

1. Die Linienführung zur Erschließung des Unstruttals und der Diamantenen Aue mit Anschluß an das vorhandene bzw. in Bau befindliche Eisenbahnnetz.
2. Vorstellungen über die Bereitstellung von Aktienkapital.

Aus seinem Programm sei auszugsweise zitiert:

"In der Voraussetzung, daß Sie sich für eine Eisenbahn interessieren, welche die Halle-Casseler Bahn in Nordhausen mit der Thüringer in Naumburg verbindet, bitte ich Sie ergebenst mir mitzuteilen, ob Sie geneigt sind, sich den Bestrebungen für Herstellung einer Unstrutbahn anzuschließen, welcher etwa folgende Richtung zu geben ist: Naumburg - Freiburg - Laucha - Nebra - Memleben - Wendelstein (für Wiehe), Roßleben - Bottendorf, Kalbsrieth, Artern, Esperstädt, Frankenhausen - Rottleben und Endpunkt in Sondershausen, um von da gemeinschaftlich mit der Nordhäuser-Erfurter Bahn nach Nordhausen weiter zu führen. Die Länge der Unstrutbahn von Sondershausen bis zur Einmündung in die Thüringer Bahn bei Naumburg ist 10 1/4 - 10 1/2 Meilen; sie durchschneidet den allerreichsten Theil Thüringens und verspricht sowohl einen vorzüglichen Lokal- als auch durchgehenden Verkehr zu erhalten. Der Bau ist nicht ganz leicht und dürfte wohl 3 600 000 Thaler kosten, also etwa 340 000 Thaler pro Meile. Staatsgarantien sind nicht nötig, wohl aber eine Prämie von etwa 200 000 Thaler von

Rudolstadt , 150 000 von Preußen und etwa 1/4 des Landbedarfs, also etwa für 100 000 Thaler
frei überlassen; das wäre 450 000 Thaler.
Ferner müßte die Strecke, d.h. sämtliche Kreise, Kommunen und Private, zusammen 750 000
Thaler, also nur $^3/_4$ Millionen zeichnen; dann würden gern 600 000 Thaler von der General-
Enterprise-Gesellschaft, deren Vertreter der Unterzeichnete zu sein die Ehre hat, mit in Zahlung
übernommen und das Kapital der Stammaktien wäre gebildet mit 1 800 000 Thalern. Nachdem
dieses geschehen, könnte man eine gleiche Summe in 5% Stammprioritäten von der Börse
begeben, wozu uns ein hiesiges Consortium gern die Hand bietet.
Die Bahn eignet sich völlig dazu, mit der Nordhäuser-Erfurter Bahn gemeinschaftlich verwaltet
zu werden und dürfte wenige Jahre nach ihrer Betriebseröffnung sich schon so entwickelt
haben, daß 6 und 7% Rente zu erwarten sind.
Zweigbahnen von Artern nach Sömmerda und Straußfurt etc. können einer späteren Erwägung
vorbehalten bleiben.
Ich bin bereit, eine constituierende Versammlung abzuhalten, wenn sich e ne große Teilnahme
an der Strecke zeigt. Man würde dann der Sache näher treten und die Mittel für die Vorarbeiten
zu beschaffen sich bemühen. Gut unterstützt, hoffe ich nicht nur mit dem Projekt zu Stande zu
kommen, sondern die Bahn binnen Jahresfrist schon bis zum Bauangriff zu fördern.
Ihrer gefälligen Rückäußerung entgegensehend zeichnet sich hochachtungsvoll

        P l e ß n e r
        Königlicher Baumeister und Vertreter der General-Enterprise
        der Nordhäuser-Erfurter Eisenbahn

Berlin, den 4. Februar 1868, Jerusalemer Str. 5"

Die Vorstellungen Pleßners fanden die Zustimmung des Naumburger Vereins. Noch im März
1868 wurde das Gründungskomitee der Unstrutbahn aus der Taufe gehoben. Die beiden
Baufachleute Danneil und Thränhardt und Dr. Mascher als Sekretär bildeten den ge-
schäftsführenden Ausschuß.
Durch Vorträge und Publikationen wurde versucht, eine intensive Werbung für das Vorhaben
zu gestalten.
Noch im April 1868 wurde eine Aktiengesellschaft für den Bau der Unstrutbahn von Naumburg
durch das namengebende Unstruttal und die goldene Aue über Artern und Frankenhausen
bis zum Anschluß an die Nordhausen-Erfurter Bahn in Sondershausen gebildet. Die vorgesehene Linienführung dieser Bahn entsprach in etwa der der dann später verwirklichten
Unstrutbahn und der Eisenbahnstrecke Bretleben – Bad Frankenhausen – Sondershausen. Sie
blieb ein Traum, denn weder wollten die landwirtschaftlichen Grundeigentümer Land zum
Bahnbau zur Verfügung stellen noch ihre Besitzungen durch die vorgesehene Trassenführung
zerschneiden lassen. Außerdem blieben die erhofften Geldgeber aus, die ausreichend
gedruckten Zeichnungsscheine für den Erwerb von Aktien hatten nur Makulaturwert.
Als erstes verzichtete das Gründungskomitee mangels finanzieller Mittel auf die Weiterführung
der Unstrutbahn von Artern nach Sondershausen.
Am 9. Juli 1870 schloß das Komitee einen Vertrag mit dem englischen Bauunternehmen Sir
Robert Sharpe & Sons. Er beinhaltete, daß das Gründungskomitee für 600 000 Taler Stammaktien auftreiben sollte, die Baufirma dagegen für 2 100 000 Taler Aktien, davon für 750 000
Taler Stamm- und für 1 350 000 Taler Prioritätsaktien. Das waren 900 000 Taler weniger als die
im Pleßnerschen Projekt vorgesehenen Kosten, was sich im wesentlichen durch die reduzierte
Streckenlänge erreichen ließ. Am 4. Oktober 1870 konstituierte sich das Gründungskomitee als
"Unstrutbahn-Gesellschaft" mit einem Aufsichtsrat. Die staatliche Konzession wurde jedoch
verweigert. Fehlende Klarheit in der Streckenführung und Grundstücksbereitstellung einerseits

und die überhöhte, durch keine Sicherungsleistung garantierte Aktienzeichnung des Auftragnehmers waren die Ursache dafür.

Der Aufsichtsrat trat schließlich vom Vertrag zurück, die durch die Aktienzeichnung von der englischen Baufirma erworbenen Rechte verbleiben jedoch bei dieser. Der sich im vollen Gange befindliche Deutsch-Französische Krieg tat ein Übriges, um alle Aktivitäten zum Erliegen zu bringen.

Der siegreiche Krieg 1870/71, die verstärkte Industrialisierung nach diesem Krieg in den sogenannten "Gründerjahren" hatten die Notwendigkeit und Zweckmäßigkeit des weiteren Ausbaus der Verkehrsverbindungen und des Verkehrsmittels Eisenbahn nachdrücklich unterstrichen. Das überzeugte auch die Kräfte, die den Bau einer Eisenbahn durch das Unstruttal bisher gleichgültig oder gar ablehnend gegenüberstanden. So sind bereits 1872 erneute Aktivitäten für den Bahnbau zu verzeichnen. Die Unstrutbahngesellschaft wurde in eine neu gegründete Deutsche Eisenbahngesellschaft als "Abteilung Unstrutbahn" integriert. Diese Abteilung, geleitet durch den Oberingenieur Claus aus Naumburg, wollte eine Streckenverbindung von Naumburg nach Artern in der Linienführung, wie sie das damalige "Gründungscomite" vor dem Kriege 1870/71 vorgesehen hatte, bauen. Außerdem wurde eine Aktiengesellschaft "Unstrutbahn" gebildet, die für die Mittelbeschaffung zuständig war. Aufsichtsratsvorsitzender dieser Gesellschaft war der Graf von der Schulenburg-Heßler, der schon im ehemaligen "Gründungscomite" großen Einfluß ausübte. Die Konzession für die Errichtung der Bahn wurde mit Urkunde vom 27. März 1872 erteilt, die Aktienzeichnung konnte beginnen. Da bestimmte Rechte noch bei dem englischen Bauunternehmen Sir Robert Sharpe & Sons lagen, galt es diese für den Bau zu gewinnen. Da diese offensichtlich nicht mehr interessiert waren, mußten über ein Präklussionsverfahren deren Rechte ausgeschlossen werden. Außerdem galt es, ein neues Unternehmen für den Bahnbau zu gewinnen. Die gerade erst gegründete Deutsche Eisenbahnbau-Gesellschaft erklärte sich dazu nach langwierigen Verhandlungen bereit.

Damit wurde das Unstrutbahnkonzept in ein größeres Vorhaben, den Bau der Berliner Südwestbahn von Berlin nach Meiningen, eingebunden.

Dem Bau der Unstrutbahn schien nichts mehr im Wege zu stehen. Der Kapitalbedarf wurde auf 6 750 000 Mark festgesetzt. Es galt nun diesen zu sichern und zugleich die Detailprojektierung durchzuführen. Doch das erwies sich als äußerst kompliziert. Hier zeigte sich, wie unterschiedlich die Interessenlage insbesondere der Besitzer und Pächter der großen Güter, deren Flächen durch die vorgesehene Bahn gequert wurden, war. Gleichermaßen kompliziert gestaltete sich die Finanzierungssituation. Zwar wurden Aktien in ausreichender Zahl gezeichnet, die entsprechenden Zahlungen jedoch zu großen Teilen nicht geleistet.

1873 drohte der auftragnehmenden Firma der Bankrott. Übernommene Aufgaben und finanzielle Leistungskraft standen in keinem gesunden Verhältnis. Nur durch staatliche Einflußnahme und Unterstützung durch andere Eisenbahngesellschaften konnte sie dem Bankrott entgehen. Vom Bau der Unstrutbahn mußte sie jedoch zurücktreten. Ohne Auftragnehmer, mit nicht ausreichenden Finanzmitteln ausgestattet, ging die "Unstrutbahn"-Aktiengesellschaft 1874 in Liquidation. Wieder war ein Traum gescheitert.

Anfang der 80er Jahre des vorigen Jahrhunderts gab es erneute Versuche, den Bahnbau in die Wege zu leiten, scheiterten aber. Auch eine "Naumburg-Freyburg-Lauchaer Eisenbahn-Gesellschaft" die, wie der Name besagt, zumindest den südlichen Teil der Strecke in Angriff nehmen wollte, hatte keinen Erfolg.

Trotz dieses Scheiterns, die Wirtschaftsentwicklung verlangte auch im Unstruttal nach neuen Verkehrswegen. Der Bau einer Eisenbahn stand unausweichlich auf der Tagesordnung, zumal Ausbau und Modernisierung der bisherigen Verkehrswege nicht ausreichten oder, wie die Unstrutschiffahrt, scheiterten.

Vorbereitung und Durchführung des Unstrutbahnbaus

Am 19. Juni 1882 wurden endlich die Aktivitäten ausgelöst, mit denen der eigentliche Bahnbau vorbereitet und eingeleitet wurde. Der preußische Minister für Handel, Gewerbe und öffentliche Arbeiten, Maybach, erteilte an diesem Tage der Königlichen Eisenbahndirektion Erfurt den Auftrag, "mit der Anfertigung von Vorarbeiten für eine Eisenbahnverbindung Naumburg - Artern" zu beginnen. Zugleich wurde damit "die Vornahme der geometrischen Arbeiten", sprich: der Vermessungsarbeiten, bei der Direktion veranlaßt.

Die Königliche Eisenbahndirektion Erfurt betrieb die entsprechenden Vorarbeiten recht zügig und zweckmäßig. Als erstes wurden die ökonomischen Parameter ermitte t, denen die Strecke Rechnung tragen sollte. Die von der vorgesehenen Streckenführung Naumburg – Freyburg – Laucha – Carsdorf – Nebra – Roßleben – Schönewerda – Artern berührten Kreise hatten durch ihre Landratsämter entsprechende Zuarbeiten zu leisten. Insbesondere hatten sie Aussagen zu treffen zu

- industriellen "Etablissements" wie Zuckerfabriken, Mühlen, Brauereien, Sägewerken, Ziegeleien, Verbrauch von Rohmaterialien usw.,
- Einwohnerzahlen der Orte im Einzugsbereich der Strecke, Anzahl der Wohnhäuser, allerdings auch nach den Grundsteuererträgen (als Schüssel für finanzielle Zuschüsse von Städten und Kommunen),
- Flächeninhalten der Flur und des Holzlandes der Anliegerstädte, Anliegergemeinden und deren Nachbarorte sowie nach Großgrundbesitzungen,
- gemeinnützig-gesellschaftlichen Einrichtungen wie Post- und Telegraphenämter, Apotheken, Arztstellen, "Consum-Vereinen", Förstereien u.a.

Alle diese Angaben wurden erforderlich, um ein Verkehrsaufkommen für die beabsichtigte Bahn nachzuweisen, das deren Bau rechtfertigte.

Zwischen Naumburg und Roßleben verliefen die Vorbereitungsarbeiten zügig und weitestgehend planmäßig. Die Königliche Eisenbahndirektion als eine staatliche Behörde arbeitete eng mit den zuständigen Landratsämtern zusammen. Notwendige Entscheidungen setzte sie notfalls mit der Regierung des Regierungsbezirkes Merseburg der Provinz Sachsen in Merseburg durch.

Für den sich nördlich an Roßleben anschließenden Streckenteil gestaltete sich die Trassierung der Strecke äußerst schwierig. Durch die abgeschlossene Separation, der Flurbereinigung, stand speziell in den nördlichen Feldmarken von Bottendorf und Schönewerda kein im Gemeindebesitz befindliches Gelände mehr für die beabsichtigte Streckenführung zur Verfügung. Die Bottendorfer Bauern wollten unter keinen Umständen eine Teilung der ihnen im Gefolge der Separation zugewiesenen Flächen durch die Eisenbahn hinnehmen. Auch die Standortforderungen des Fürstlich Schwarzburg-Sondershausischen Kammergutes in Schönewerda waren für die Trassenführung nicht akzeptabel. Die damaligen Ortsrichter Thölden von Bottendorf und Hausburg von Schönewerda hatten keinen beneidenswerten Stand bei dem Bemühen, die Interessen der Eisenbahn und der örtlichen Grundeigentümer unter einen Hut zu bekommen.

War ursprünglich eine Linienführung Nebra – Roßleben – Schönewerda – Artern favorisiert, um eine Querung des Riedes als sumpfige Niederung zu vermeiden, kam wegen der starren Haltung der Grundbesitzer der Gedanke auf, die Strecke über Donndorf zu führen.

Im Januar 1884 hatte sich der preußische Minister Maybach bereiterklärt, die "Erbauung einer Staats-Secundärbahn" von Naumburg durch das Unstruttal nach Artern zu beantragen, wenn "die beteiligten Kreise den Grund und Boden, sowie einen Barzuschuß von 5000,- M pro Kilometer hergeben." Das heißt, Grund und Boden für die Eisenbahn mußten schulden- und lastenfrei kostenlos bereitgestellt und zusätzlich mußte der Bahnbau pro Kilometer mit

5000,- Mark bezuschußt werden. Das wurde als eine drückende Last empfunden, zumal von der preußischen Regierung erklärt wurde, daß die bei früheren Projekten erbrachte "Concessionscaution" im Wert von etwa 600 000 Mark als verfallen zu betrachten ist. Die Königliche Eisenbahndirektion bezifferte auf einer Tagung in Nebra für die damals noch mit zirka 54 km Länge vorgesehene Bahnstrecke die Kosten für den Grunderwerb mit etwa 860 000 Mark (kurz darauf kamen noch einmal 500 000 Mark hinzu) und legte den Bauzuschuß auf 270 000 Mark fest. Diese hohe Summe schreckte die beteiligten Kommunen und Kreise auf. Es wurde von ihnen ein "Comite", bestehend aus dem Oberbürgermeister Göbel von Naumburg, dem Direktor Mann aus Naumburg und dem Gutsbesitzer von Helldorf aus Zingst, gebildet. Es hatte die Aufgabe bei beiden Häusern des Provinziallandtages für ermäßigte Bedingungen "zu petitionieren".
Die Petition an den "Hohen Landtag der Monarchie" wurde am 26. Januar 1884 gestellt, unterzeichnet von allen Bürgermeistern, Ortsrichtern, Gerichtsschöppen, Gutsvorstehern und anderen Amtspersonen aller Anliegerorte im Einzugsbereich der beabsichtigten Bahnlinie. Sie fand in dem vom Landtage zu behandelnden Gesetzentwurf No. 62, in dem die Eisenbahnstrecken genannt sind, "für deren Bau die Interessenten die verkörperten Aufwendungen zu übernehmen haben", keinerlei Berücksichtigung. Die Strecke Naumburg – Artern zählte damit neben den Strecken Bitterfeld – Stumsdorf und Merseburg – Mücheln zu den Strecken, für die die Kreise und Kommunen hinsichtlich Bereitstellung von Grund und Boden und Baukostenzuschuß in voller Höhe zur Kasse gebeten werden. Immerhin war die schon eingezahlte "Concessionscaution" von 603 215 Mark nicht verfallen und wurde zur Deckung des Bahnbaus mit herangezogen.

Der Vorlage sind für unsere Strecke folgende Angaben zu entnehmen:
Länge der Bahn: 56,7 km
Verkehrsgebiet: 570 qkm
Einwohner: 68000 (im Verkehrsgebiet)

Kosten des Baues einschließlich Grunderwerb:	5.983.000 Mark
Hiervon aus Haushaltmitteln zu bewilligen:	4.019.785 Mark
Durch Verwaltung der Caution gedeckt:	603.215 Mark
Aufwendungen der Interessenten:	1.360.000 Mark
dav. a) Grunderwerb:	1.090.000 Mark
b) Zuschüsse:	270.000 Mark
Die zum Bau verwendeten Staatsmittel betragen demnach:	67,2 %
Exparticipiert die zum Bau verwandte Caution mit:	10,0 %
Die außerdem den Interessenten jetzt zur Last fallenden Kosten betragen:	22,8 %
Die letztere betrifft pro Kopf der Bevölkerung des Verkehrsgebietes:	20,00 Mark

Per Preußisches Gesetz vom 4. April 1884, veröffentlicht in der Preußischen Gesetzsammlung Jahrgang 1884, Nummer 12, Seite 105, wurde die Genehmigung zum Bau und Betrieb der Eisenbahn von Naumburg nach Artern erteilt.
Die offenen Fragen der Linienführung scheiterten auch jetzt noch an Weigerungen, gemäß konzipierter Trassenführung, Land abzutreten. Nach Einschaltung des Ministers Maybach, durch Engagement des neuen Königlichen Landrates zu Querfurt, Freiherr von der Reck, sowie sogar des Regierungspräsidenten von Merseburg, entstand die endgültige Entscheidung über die Linienführung, wie wir sie heute noch vorfinden. Noch vergingen 3 Jahre, also bis 1887, bis die entscheidenden technischen Vorbereitungen, notwendigen Vertragsabschlüsse zur Baurealisierung und die finanzielle Planung unter Federführung der Königlich Preußischen Eisenbahnverwaltung abgeschlossen werden konnten.

Hinsichtlich der Bestimmung eines genauen Zeitpunktes über den Baubeginn gibt uns folgender Brief an den Königlichen Landrat, Herrn Freiherr von der Reck, in Querfurt, unter dem Kopf der Königlichen Eisenbahndirection Erfurt, vom 21. September 1887, recht gut Auskunft: "Euer Hochwohlgeboren beehren uns auf das gefällige Schreiben vom 18./20. des Monats, ergebens zu benachrichtigen, daß wir die bauliche Inangriffnahme der Bahn von Naumburg nach Artern angeordnet haben. Wir gestatten uns auf unsere an Euer Hochwohlgeboren darüber bereits gemachte Mitteilung vom 19. dieses Monats (also September) ergebendst Bezug zu nehmen."

Mehr als drei Jahre vergingen also von der Konzessionserteilung für die Bahn am 4. April 1884 bis zum Beginn des Bahnbaus. Diese Jahre waren gekennzeichnet von der endgültigen Festlegung der Linienführung, die im Detail immer wieder Veränderungen unterworfen wurde, und von komplizierten Verhandlungen, das für den Bahnbau erforderliche Gelände von den bisherigen Grundstückseigentümern zu erwerben. Bedingung für den Bau der Eisenbahn war die unentgeltliche Bereitstellung des dafür erforderlichen Grund und Bodens durch die beteiligten Städte und Gemeinden. Die Kommunen sowie die beteiligten vier Landkreise hatten die entsprechenden Grunderwerbskosten zu tragen. Das zwang sie vielfach dazu, zur Deckung dieser Kosten Anleihen aufzunehmen, um so den Bau der Eisenbahn zu sichern.

War das Erlangen entsprechender Kredite und Anleihen noch relativ unkompliziert, gestaltete sich der eigentliche Grunderwerb zum Teil problematisch. Obwohl beachtliche Kaufpreise gezahlt wurden, in Gehofen wurde beispielsweise pro Morgen Land ein Kaufpreis von 1 800 Mark bewilligt, gelang es jedoch nicht, das gesamte benötigte Gelände von seinen Eigentümern zu erwerben. Dadurch wurde der Baubeginn erheblich verzögert. Das mußte auch der "Anzeiger für Artern und Umgebung" in einer Meldung vom 2. Februar 1886 konstatieren. Dort heißt es:

"Der Beginn des Baues der Unstrutbahn Naumburg-Artern ist gutem Vernehmen nach, da die Grunderwebsangelegenheit noch immer nicht zum Abschluß gelangt ist abermals hinausgeschoben worden und dürfte auch in absehbarer Zeit nicht zu erwarten sein. Hierauf deutet vorzugsweise der Umstand, daß, nachdem der in Roßleben stationierte kgl. Eisenbahn-Baumeister bereits seit einigen Monaten zurückgezogen ist, nunmehr auch der seiner Zeit für die Unstrut-Bahn nach Naumburg a.d.S. versetzte höhere Baubeamte auf unbestimmte Zeit wieder zurückgezogen werden soll."

Die Schwierigkeiten beim Grunderwerb ließen sich auch in der Folgezeit nicht überwinden. Noch lange nach der Eröffnung der Bahnlinie beschäftigten Grunderwerbsverfahren die beteiligten Städte und Gemeinden, in Einzelfällen sogar die Gerichte. Selbst staatliche Institutionen stellten sich dem Grunderwerb zum Zwecke des Eisenbahnbaues entgegen. So ist erst einer Pressemeldung vom 20. Februar 1886 zu entnehmen, daß das Kultusministerium "nunmehr genehmigt" hat, "daß von dem Grundstücksbesitze der königlichen Landesschule Pforta das erforderliche Terrain zum Baue der Unstrutbahn gegen einen äußerst mäßigen Kaufpreis abgetreten wird. Mit dieser Wendung ist einer der hauptsächlichsten Schwierigkeiten aus dem Wege geräumt worden, so daß nunmehr begründete Aussicht vorhanden ist," die Unstrutbahn zu bauen.

Wie sehr die Probleme des Grunderwerbs die Kommunen belasteten, soll beispielhaft aus dem Verwaltungsbericht der Stadt Freyburg/Unstrut für das Jahr 1887 belegt werden. Dort heißt es: "Nachdem durch ausdauernde Mühe und Arbeit, namentlich seitens der beteiligten Behörden alle am Schlusse des Jahres 1886 vorhandenen Schwierigkeiten beseitgt wurden, konnte bei uns den Grunderwerbskosten näher getreten werden. Dieselben nehmen sowohl für die Nißmitzer als auch Freyburger Flur, dank der anerkennenswerten Bemühungen unseres Magistratsdirigenten, der dieselben ganz allein geleistet hat, einen für die Stadt überaus günstigen Verlauf. Es bleiben bei Abfassung dieses Berichts nur noch zu expropriieren in der Flur Nißwitz 6 Besitzer, in der Flur Freyburg 5 Besitzer; jedoch scheint es zu gelingen, mit noch einigen Besitzern gütliche Kaufverträge abschließen zu können. Nachdem durch den Abschluß der Kaufverträge die Grunderwerbskosten übersehen werden können, wird der zu denselben aufzuwendende Betrag incl. eigener Verzinsung bis zum 1. April 1899 95 000 Mark betragen. Die Aufnahme einer Anleihe in dieser Höhe ist beschlossen und genehmigt worden ..."

Die Stadt Freyburg hatte zur Vereinfachung der Formalitäten einen vorformulierten Kaufvertrag gedruckt. In 10 Paragraphen waren die Details des Grunderwerbs geregelt, angefangen vom Kaufpreis, mit dem übrigens zugleich alle anderen Forderungen für Düngung, Bestellung, Saatkorn und Pflugarten, für Wirtschaftserschwernisse und sonstige Nachteile aller Art abgegolten waren, bis hin zur Sicherung eines eventuell notwendigen Mehrerwerbs an Grund und Boden. Dazu trifft der § 7 des Kaufvertrages solche Regelungen, die voll den Bedürfnissen des Bahnbaues Rechnung tragen. Dieser Paragraph lautet:

"Wenn während des Baues noch mehr Areal von dem im § 1 dieses Vertrages bezeichneten Grundstücke für die Ausführung der Naumburg-Arterner Eisenbahn erforderlich wird, so soll der Käufer berechtigt sein, solches zu jeder Zeit, wie es das Bedürfnis erfordert, gegen den im § 1 festgesetzten Kaufpreis pro Ar überhaupt unter den in diesem Vertrag festgestellten Bedingungen vom Verkäufer resp. seinem Besitznachfolger eigenthümlich zu erwerben resp. Besitzweise sofort zu fordern."

Ähnliche Festlegungen enthielten auch die durch die anderen Kommunen abgeschlossenen Verträge.

Aber nicht nur der Erwerb des für den Bahnbau benötigten Geländes bereitete Schwierigkeiten, es galt auch die Widerstände derer zu überwinden, deren Existenzbedingungen sich durch den Bahnbau drastisch verschlechtern würden. Das waren in erster Linie die Unstrut-Schiffer. Die Unstrut, zwischen Bretleben und ihrer Einmündung in die Saale bei Naumburg und diese selbst bis Weißenfels seit 1795 schiffbar gemacht, war ein stark befahrener Wasserweg. Bereits die Berührung des Schiffahrtsweges der Unstrut an seinen beiden Enden durch die Eisenbahn, die Eisenbahnstrecke Sangerhausen – Erfurt mit der Bahnstation Artern am oberen Ende und die Eisenbahnstrecke Halle – Erfurt mit den Bahnstationen Weißenfels und Naumburg am unteren Ende, brachte für die Unstrutschiffahrt Beförderungsverluste. Eine am Schiffahrtsweg liegende Eisenbahnlinie mußte konsequenterweise dessen Ruin bedeuten, was dann auch die Zukunft ergab.

Allen Widerständen zum Trotz kam es, wenn auch mit nicht geplanten zeitlichen Verzögerungen, im September 1887 zum Baubeginn. Ihm voran ging die landespolizeiliche Genehmigung durch den Regierungspräsidenten zu Merseburg am 22. Mai 1886, der im Verlauf des Frühjahrs 1886 landespolizeiliche Prüfungen auf dem gesamten projektierten Streckenverlauf vorausgingen. Für die projektierte Linie von Roßleben nach Artern fanden diese am 12. Mai 1886, für den Rest der Strecke am 15. Juni des gleichen Jahres statt.

Der Bau wurde unter Regie der Königlichen Eisenbahndirektion Erfurt durchgeführt, die zu diesem Zwecke eine Neubau-Abteilung in Roßleben, die in mehrere Bau-Sektionen unterteilt war, errichtete. Der Bahnbau begann zugleich an mehreren Stellen. So unter anderem in Roßleben, wo mit Vorbereitungen für die Überbrückung der Unstrut begonnen wurde und Pfahlsetzungen mittels Senkbrunnen in der Nähe des Schützengartens erfolgten.

Anfang des Jahres 1888 wurde in Nebra ein Lazarett mit sechs Räumen für die beiden Bahnkrankenkassen der Neubaulinie errichtet. Obwohl wir nicht über die Belegung dieses Lazaretts unterrichtet sind, ist anzunehmen, daß bei den herrschenden Bedingungen, gekennzeichnet durch Arbeitshetze und ungenügendem Arbeitsschutz, über mangelnde Arbeit des Sanitätspersonals nicht geklagt werden mußte. Schwere Arbeitsunfälle sind uns zum Teil durch Pressenotizen überliefert. So stürzte am 28. Dezember 1888 ein Zimmermann von dem in Bau befindlichen Lokomotivschuppen der Unstrutbahn in Naumburg mehrere Stockwerke tief herab und wurde schwer verletzt. Am 23. Februar 1889 wurden einem Gleisbauer bei Donndorf durch einen Arbeitszug beide Beine abgefahren und am 29. Mai 1889 wurde ein Arbeiter so schwer durch Quetschungen an der Brust, an den Beinen und am Hinterkopf verletzt, daß an seinem Aufkommen gezweifelt wurde.

Böschungsarbeiten bei der Trassierung der Unstrutbahn vor 1889. Foto: Slg. P. Lauerwald

Außerdem kam es beim Bahnbau auch zu Unfällen mit teilweise schlimmen Folgen, weil sich Unbefugte im Baugelände zu schaffen machten und die Gefahr, die von den Betriebsmitteln des neuen Verkehrsträgers ausging, unterschätzten. So begaben sich beispielsweise am Himmelfahrtstag 1888 Donndorfer Kinder auf den Streckenabschnitt Donndorf – Roßleben und setzen dort befindliche leere Materialtransportwagen in Bewegung. Dabei kam ein zehnjähriger Junge zu Fall, stürzte unter die Wagen und starb infolge der sich dabei zugezogenen schweren Verletzungen. Aber auch so verursachten die nicht unkomplizierten Geländegegebenheiten, die sich besonders aus der Notwendigkeit der Überwindung der Unstrut und dem Bahnverlauf entlang der Unstrut ergaben, für den Bauablauf Probleme. So mußte der Talübergang zwischen Roßleben und Donndorf wegen möglichster Verhinderung des Wasseraufstaus während der Überschwemmungsperiode der Unstrut eine viaduktähnliche Form erhalten. Das bedingte die Errichtung zahlreicher Brückenpfeiler und Dammschüttungen. Besondere Schwierigkeiten bereitete die Errichtung der Unstrutbrücke bei Roßleben, eines von 24 zu errichtenden Brückenbauwerken. Noch im September 1888 konnte nach mehr als halbjähriger Bauzeit kein sicherer Grund für die Landpfeiler der Brücke gefunden werden. Auch die erforderlichen Sprengarbeiten im harten Kalkstein des Roßlebener Einschnittes bereiteten zum Teil erhebliche Schwierigkeiten.
Von besonderer ingenieurtechnischer Bedeutung war damals die Gründungsart des Donndorfer Empfangsgebäudes. Infolge des tiefliegenden sumpfigen Untergrundes am Rande der Riedaue stand das Problem der Gründungstiefe. Der Vorschlag, ein umgekehrtes Tonnengewölbe einzubringen und darauf Stützen zu setzen, so daß die Aufbauten eine gleichmäßige Auflastverteilung aufweisen, fand Verwirklichung und bewährte sich bis heute.

15

Im Mittelpunkt des Baugeschehens im Jahre 1888 standen besonders die Herstellung der Brücken und Bahnhofsbauten. Feierliche Grundsteinlegung für die Bahnhofsbauten in Roßleben am 28. Juni 1888, in Nebra am 26. Juli 1888, das Richtfest des Bahnhofsgebäudes in Laucha am 30. November 1888 wurden wie Volksfeste gefeiert. Umzüge der ortsansässigen Vereine, zahlreiche Teilnahme der Bevölkerung, Gesang und Marschmusik und natürlich auch das von den Obrigkeiten ausgebrachte "Hoch auf den Kaiser" fehlten dabei nicht.

Bahnbauarbeiten im Bauabschnitt Donndorf. Hier ereignete sich 1888 der tragische Unfall.
Foto: Slg. P. Lauerwald

Insgesamt gestaltete sich der Baufortschritt bei härtester manueller Arbeit und baufördendem Wetter im Jahre 1888 günstig, so daß eine Eröffnung der Eisenbahnlinie auf der gesamten Strecke von Naumburg nach Artern für den Spätsommer 1889 als sehr wahrscheinlich erschien. Im Jahre 1889 wurden die Arbeiten soweit vorangetrieben, daß eine Eröffnung der Gesamtstrecke am 1. Oktober dieses Jahres vorgesehen werden konnte. Das war jedoch nur durch eine immense Arbeitshetze zu ermöglichen. So wurde ab April 1889 an der Baustelle der Unstrutbahn in Roßleben auch des Nachts gearbeitet. Die Beleuchtung des Arbeitsschachtes der Brücke und der Schüttungsstelle für die erforderlichen Dammschüttungen erfolgte mittels Sturmlaternen. Das von diesen erzeugte Licht war von mehr als zweifelhafter Qualität. Auch an anderen Arbeitsstellen verschärfte sich der Arbeitsdruck, ohne daß dafür den beim Bau beschäftigten Arbeitern eine höhere Entlohnung zugebilligt wurde. Das führte zu Protesten der

Arbeiter, in Einzelfällen sogar zu Arbeitsniederlegung. Die am Neubau des Bahnhofs Donndorf beschäftigten Maurer legten beispielsweise am 15. April 1889 die Arbeit nieder und erklärten für den bisherigen Lohn, sie erhielten pro Tag 2 Mark 70 Pfennige, nicht mehr weiterarbeiten zu wollen.

Neben den Arbeiten auf der Neubaustrecke, die abzuschließen waren, wurde im Sommer 1889 auf dem Bahnhof Artern eine spezielle Wasserstation für die auf der Strecke Naumburg - Artern zum Einsatz kommenden Lokomotiven errichtet. Das Wasser wurde der Unstrut entnommen. Da die Zuführungsröhre auch durch städtisches Territorium geführt werden mußte, der dabei benötigte städtische Boden umfaßte allerdings nur eine Fläche von 4 qm, hatte die Eisenbahnverwaltung an den städtischen Rat von Artern eine jährliche Anerkennungsgebühr von einer Mark zu entrichten.

Im Spätsommer 1889 neigte sich der Bahnbau seinem Ende zu. Am 19. August 1889 verkehrte der erste Personenwagen mit einer Lokomotive zwischen Naumburg und Freyburg. Die Fahrzeit des reich bekränzten Zuges betrug 15 Minuten. Dabei wurde jedoch die vorgesehene Haltestelle Kleinjena durchfahren. Für einen generellen Halt in Kleinjena waren weitere drei Minuten vorgesehen. Trotz des guten Baufortschritts traten laufend neue Probleme auf. So mußte sich die Neubau-Abteilung in Roßleben am 4. Juni 1889 an den Landrat des Kreises Sangerhausen mit dem Hinweis wenden, daß die betreffenden Stationen nicht dem Verkehr übergeben werden, wenn die Verpflichtungen der Gemeinden zur Herstellung der Zufahrtswege zu den Bahnhöfen und Haltestellen nicht realisiert würden.

Der Monat September 1889 war angefüllt von den vorbereitenden Arbeiten für die feierliche Inbetriebnahme der Strecke. Am 15. September 1889 wurden sämtliche Brücken auf Tragfähigkeit geprüft und für gut befunden. Am 19. und 20. dieses Monats erfolgte in zwei Abschnitten die landespolizeiliche Abnahme. Am 19. September wurde der Abschnitt von Naumburg bis zum Bahnhof Nebra und am darauffolgenden Tag von Nebra bis Artern befahren, besichtigt und landespolizeilich abgenommen. An der Abnahme beteiligten sich Vertreter der Landespolizeibehörde, d.h. des Regierungspräsidiums in Merseburg, der Königlichen Eisenbahndirektion Erfurt und der Bauleitung, ein Vertreter der Strombauverwaltung und die Vertreter der Kreis- und Ortspolizeibehörden in Person der Landräte, Bürgermeister und Amtsvorsteher. Außerdem waren bei der landespolizeilichen Abnahme auch Vertreter der Domänen, des Fiskus und der "Societät zur Regulierung der Unstrut" vertreten.

Die Teilnehmer versuchten oft, bereits abgelehnte Forderungen hinsichtlich persönlichen Interessen dienender Zufahrtswege, besonderen Vergünstigungen und Entschädigungshöhen wieder in den Geschäftsgang zu bringen oder noch kurzfristig durchzusetzen. Das soll am Beispiel der Abnahme des zweiten Teilstücks von Nebra nach Artern gezeigt werden. Das Protokoll darüber weist 28 Festlegungen, Beanstandungen und Einwände auf, von denen 6 durch die Landespolizeibehörde bzw. die Eisenbahnbehörde der Ablehnung verfielen. Drei weitere wurden auf Kosten der anliegenden Gemeinden realisiert bzw. enthielten einfache Gestattungen. So verlangten Privatinteressenten zusätzliche Wegübergänge, auf Kosten der Bahn zu schaffende Wendeplätze für Fuhrwerke, zusätzliche Wegeanlagen, die jeweils abgelehnt wurden. Die festgestellten Mängel und berechtigten Anstände waren derart, daß sie der planmäßigen Inbetriebnahme der Strecke zum 1. Oktober 1889 nicht im Wege standen. Sie waren entweder kurzfristig zu beseitigen oder während des Betriebes der Eisenbahn realisierbar.

Im Ergebnis der erfolgreichen Abnahme erteilt mit Schreiben vom 24. September 1889 der Regierungspräsident zu Merseburg die Betriebzulassung für die Bahn.

Neben diesen bahnbauseitigen Vorbereitungen zur Eröffnung der Eisenbahnstrecke beschäftigte sich ein besonderes Komitee mit der Vorbereitung der Einweihungsfeierlichkeiten.

Die in den Bahnhofsgebäuden vorgesehenen Gaststättenräume wurden von der Eisenbahnverwaltung zur Verpachtung ausgeschrieben, die dann am 14. September 1889 erfolgte. Zu dieser Verpachtung waren 140 Bewerbungen eingegangen. Den Zuschlag erhielten für die Bahnhofsgaststätte in Donndorf ein Herr Mebesius aus Artern für eine Jahrespacht von 800 Mark, für die Bahnhofsgaststätte in Laucha ein Herr Harnig aus Artern für eine Jahrespacht von 1 000 Mark, für die Bahnhofsgaststätte in Freyburg ein Herr Bock aus Erfurt gegen eine Jahrespacht von 1 200 Mark. Der Zuschlag für die Bahnhofsgaststätte in Roßleben wurde am 7. Oktober 1889 für 1 200 Mark Jahrespacht an einen Herrn Müller aus Stotternheim erteilt. Die Vergabe der Bahnhofsgaststätte in Nebra behielt sich die Eisenbahnverwaltung noch vor. Die Angebote der Interessenten lagen zum Teil noch wesentlich über den erteilten Zuschlägen. So wurde beispielsweise für die Bahnhofsgaststätte in Freyburg eine Jahrespacht von 2 500 Mark geboten. Offensichtlich hat sich die Bahnverwaltung jedoch für Angebote entschieden, die realisierbar waren und deren Bieter eine Gewähr für ihre Zahlung gaben.

Vom 23. September 1889 datiert die Eröffnungsverfügung der Königlichen Eisenbahndirektion Erfurt, in der die Übergabe der Eisenbahn Naumburg – Artern für den öffentlichen Verkehr mit den Zwischenstationen Kleinjena, Freyburg/Unstrut, Balgstädt, Laucha, Kirchscheidungen, Carsdorf, Vitzenburg, Nebra, Roßleben, Donndorf, Gehofen und Reinsdorf für den 1. Oktober 1889 angekündigt wird. Diese Verfügung enthält auch die Bestimmung des Charakters der Zwischenstationen und ihrer verkehrlichen Aufgaben. Kleinjena und Balgstädt sind Haltepunkte für den Personenverkehr. Freyburg, Laucha, Nebra, Roßleben und Donndorf sind Bahnhöfe für den Personen-, Gepäck- und Privatdepeschenverkehr sowie für die Abfertigung von Eil- und Frachtgütern, Leichen, Fahrzeugen und lebenden Tieren. Die Bahnhöfe Carsdorf, so die damalige Schreibweise für Karsdorf, Gehofen und Vitzenburg hatten die gleichen Aufgaben, waren jedoch für den Privatdepeschenverkehr nicht zugelassen. Reinsdorf bildete eine Haltestelle für den Personen- und Gepäckverkehr sowie für die Abfertigung von Eil- und Frachtgütern und Leichen. Kirchscheidungen erhielt eine Abfertigung für den Personenverkehr und für Wagenladungsgüter. Die Bahnhöfe Freyburg und Laucha waren außerdem für die Annahme und Auslieferung von Sprengstoffen zugelassen.

Die Gesamtstrecke wurde mit der Eröffnung dem Königlichen Eisenbahn-Betriebsamt Erfurt unterstellt.

Über den ersten vorgesehenen Fahrplan informiert der "Anzeiger für Artern und Umgebung" bereits in einer Meldung vom 24. August 1889. In ihr heißt es:

"Die neue Bahnstrecke Naumburg – Artern schreitet ihrer Vollendung immer mehr entgegen, so daß die Eröffnung Ende September sicher erfolgen wird. Bereits ist auch der neue Fahrplan entworfen, welcher 4 Züge nach Artern und ebensoviele nach Naumburg aufweist. Die Fahrt von Naumburg nach Artern dauert 2 1/2 Stunden, in umgekehrter Richtung ungefähr 20 Minuten länger ..."

Die Eröffnung der Strecke und das erste Betriebsjahr

Nachdem abzusehen war, daß die Bauarbeiten zum vorgesehenen Inbetriebnahmetermin am 1. Oktober 1889 vollständig abgeschlossen sein würden, konstituierte sich, wohl im August 1889, ein Festkomitee zur Vorbereitung der Eröffnungsfeierlichkeiten der Unstruteisenbahn. Den Vorsitz dieses Komitees hatte der Gutsbesitzer von Helldorf auf Zingst inne. Mitglieder waren die Landräte der Kreise Naumburg, Querfurt, Sangerhausen, Kölleda, die Bürgermeister von Nebra, Freyburg und Laucha, Großgrundbesitzer und Gutspächter.

Mit Datum vom 14. September lud das Komitee zur feierlichen Einweihung ein:

"Am Montag, den 30. September cr. findet die feierliche Einweihung und Bereisung der neuerbauten Eisenbahnstrecke Naumburg – Artern statt. Der Festzug verläßt um 9 Uhr

Morgens Naumburg und nimmt hier und unterwegs auf den noch näher zu bezeichnenden Stationen die Festteilnehmer auf, für welche in Laucha bzw. in Artern ein Frühstück und Nachmittags um 3 Uhr auf der Rückfahrt in Freyburg ein gemeinsames Mittagessen bereit gestellt wird.

Der Preis für die Teilnahme an dem Feste incl. Frühstück mit dem Festessen ohne Getränk ist auf 6,00 M festgesetzt.

Indem wir Euer Wohlgeboren zur Teilnahme an der Feierlichkeit ganz ergebendst einladen, ersuchen wir Sie ebenmäßig, sehr gefälligst bis zum 20 d. Mts. den Festbeitrag mittels der anliegenden Postkarte an die Stadtkasse in Naumburg einzusenden und damit bekunden wollen, daß Euer Wohlgeboren an dem Fest theilzunehmen gewillt sind.

Programm und Theilnehmerkarte etc. werden wir dann rechtzeitig Euer Wohlgeboren übersenden uns erlauben."

Im "Anzeiger für Artern und Umgebung" wurde am Dienstag, den 24. September 1889 über die vorgesehenen Festivitäten informiert: "Am vergangenen Sonnabend fand in Laucha eine Comiteesitzung statt, um die Feier der Eröffnung der Unstrutbahn zu besprechen. Wie verlautet, wird mit Genehmigung des Herrn Ministers von Maybach (dieselbe ist inzwischen eingetroffen) am 30. September cr. also am Tage vor der Betriebseröffnung, ein um 9 Uhr Morgens von Naumburg abgehender Festzug die Fahrt nach Artern und zurück nach Naumburg machen und unterwegs Gäste aufnehmen. In Laucha beziehungsweise Roßleben oder Artern wird ein Frühstück gereicht, während in Freyburg ein solennes Mittagessen eingenommen werden soll. Die Herren Kloß & Förster haben, wie wir hören, ein erhebliches Quantum Champagner zur Verfügung gestellt. Weiter verlautet, daß der Herr Minister, der Herr Oberpräsident und andere destinguierte Persönlichkeiten ihre Teilnahme an den Festlichkeiten zugesagt haben. Die Stationen rüsten sich, die Bahnhöfe festlich zu auszuschmücken."

Die nächste Ausgabe dieser Zeitung am 26. September 1889 ergänzte diese Meldung und teilte weitere Informationen mit:

"Im Anschluß an unsere Mittheilung in voriger Nummer können wir heute weiter berichten, daß 200 Personen an der Eröffnungsfeier der Naumburg-Arterner Eisenbahn ihre Theilnahme angemeldet haben und dem Programm gemäß am Bahnhof Artern das Frühstück einnehmen werden. Die Festhalle in Freyburg wird besonders ausgeschmückt und sind dazu die Wappen der sämmtlichen an der Eisenbahn liegenden Städte angebracht worden..."

Von Interesse sind die folgenden Mitteilungen dieser Information, geben sie doch die Kunde von der Tatsache, daß auch die Geschäftswelt von Artern Nachteile von der neuen Bahn erwartete, wurde doch durch sie die Bedeutung dieser Stadt als Umschlagplatz in Richtung Unstruttal geschmälert:

"Die Betheiligung der Mitglieder der hiesigen städtischen Behörden an der Festfeier ist ein sehr schwache, es haben nur 5 zugesagt. Aber auch in weiterer Beziehung ist das Verhalten der Bewohner Arterns dem Feste gegenüber, welchem durch die Beteiligung des Herrn Minister von Maybach, des Herrn Ober-Präsidenten, des Herrn Regierungspräsidenten und der Herren Landräthe der 4 beteiligten Kreise ein offizieller Charakter beigelegt ist, der auch für die Bedeutung der Eisenbahn selbst spricht, eine sehr kühle. Die hohe Meinung, welche man früher von der Unstrutbahn in Bezug auf deren wirtschaftliche Bedeutung für das Unstrutthal hegte, ist in Artern, seitdem es an die Sangerhausen - Erfurter Eisenbahn angeschlossen ist, sehr gesunken und wird hier allgemein der Meinung Ausdruck gegeben, daß für Artern von der Unstrutbahn nicht nur kein Nutzen, sondern Schaden im Gefolge sein werde..."

Am 30. September 1889 war es dann soweit. Einen Tag vor der offiziellen Betriebsaufnahme wickelten sich die Feierlichkeiten zum erfolgreichen Abschluß des Eisenbahnbaues und zur Einweihung der neuen Strecke ab. Es verkehrte ein Sonderzug mit geladenen Gästen von Naumburg nach Artern und zurück mit folgenden Fahrzeiten:

Naumburg		ab 8.50 Uhr	Artern	ab 12.48 Uhr
Kleinjena		ab 8.57 Uhr	Nebra	ab 13.50 Uhr
Freyburg	an 9.04 Uhr,	ab 9.07 Uhr	Karsdorf	ab 14.10 Uhr
Balgstädt		ab 9.14 Uhr	Laucha	ab 14.29 Uhr
Laucha	an 9.24 Uhr,	ab 10.20 Uhr	Freyburg an 14.45 Uhr,	ab 18.05 Uhr
Kirchscheidungen		ab 10.23 Uhr	Naumburg	an 18.20 Uhr
Karsdorf		ab 10.40 Uhr		
Vitzenburg		ab 10.52 Uhr		
Nebra	an 11.00 Uhr,	ab 11.04 Uhr		
Roßleben	an 11.27 Uhr,	ab 11.30 Uhr		
Donndorf		ab 11.41 Uhr		
Gehofen		ab 11.52 Uhr		
Reinsdorf		ab 12.01 Uhr		
Artern		an 12.08 Uhr		

Aus dem Fahrplan ist ersichtlich, daß nur auf der Hinfahrt des Sonderzuges auf allen Stationen gehalten wurde. Ein Frühstück für die Teilnehmer war in Laucha in Boy's Hotel von 9.30 Uhr bis 10.00 Uhr und auf dem Bahnhof Artern von 12.00 Uhr bis 12.30 Uhr vorgesehen. Das eigentliche Festessen war für 15.00 Uhr im Schützenhaus zu Freyburg anberaumt.

Interessanterweise scheinen nur männliche Ehrengäste für die Eröffnungsfahrt zugelassen worden zu sein. Bei den Fahrkarten für den Festzug ist für den Personalieneintrag das Wort "Herrn..." vorgedruckt, das Festprogramm sieht ausdrücklich als Anzug den "Gesellschaftsrock" vor.

Dazu wurden als Getränke, die ja nicht im Teilnehmerpreis einbegriffen waren, gereicht 4 Sorten Weißwein im Preis zwischen 1,30 M und 3,00 M pro Flasche, 3 Sorten Rotwein im Preis zwischen 1,25 M und 2,00 M pro Flasche und 2 Sorten Sekt im Preis von 3,00 M bzw. 4,00 M pro Flasche. Um eine Relation zu diesen Preisen zu bekommen, sei daran erinnert, daß der Tageslohn eines Maurers beim Bau des Bahnhofs Donndorf 2,70 M betrug.

Zu dem Zwecke der Eröffnungsfeierlichkeiten wurden mehrere Tafellieder gedichtet, die dann bei den Festivitäten zum Absingen kamen. Diese auf bekannte Melodien zu singenden Lieder waren keine künstlerischen Produkte, sondern lediglich für den Tag bestimmt, von Eisenbahnenthusiasten in Verse gekleidete Liedchen, die das lokal bedeutsame Ereignis würdigen sollten. Aus dem Lied "Der Bau der Unstrutbahn", das nach der Melodie "Ich weiß nicht,was soll es bedeuten" zu singen war, können wir die Namen der bauleitenden Beamten entnehmen. Für die Vorarbeiten zeichneten ein gewisser Kiesgen und der Regierungsrat Hemme verantwortlich. Als Baumeister fungierten die Herren Kiesgen, Noe, Schäffer, Falck, Ritter und Michelsohn, Wollser, Umlauff, Riemann und Schäfer. Daneben finden noch die Herren Hennig, Becker, Raabe, Dressel und Rotzell als bauleitende Beamte in dem Lied Erwähnung. Über die Einweihungsfeierlichkeiten wurde in der Lokalpresse umfangreich berichtet. Lassen wir an dieser Stelle die entsprechenden Beiträge aus dem "Anzeiger für Artern und Umgebung" in seinen Ausgaben vom 1. und 3. Oktober 1889 folgen:

"Der Tag der Einweihung der Eisenbahnstrecke Naumburg-Artern ist gekommen. Der Bahnhof Artern hat ein festliches Gewand angelegt. Viele Menschen haben sich eingefunden, um den ersten Eisenbahnzug zu empfangen. Das Einfahrsignal ist bereits gegeben und programmäßig 12.08 Uhr fährt der Zug ein, der uns die ersten Gäste aus dem Unstrutthal bringt. Bei der Einfahrt des Zuges begrüßen Kanonenschläge denselben, dessen Lokomotive prächtig decoriert war und vorn die Devise "Zum Segen des Unstrutthales" trug. Hierauf brachte unsere aufgestellte Musikkapelle einen Tusch und intonierte alsdann den Einzugsmarsch aus "Tannhäuser". Nachdem Herr Bürgermeister Möbest im Namen der Stadt Artern die anwesenden Gäste, unter welchen wir den Herrn Regierungspräsidenten von Diest bemerkten, begrüßte, bewegten sich ca. 240 Festtheilnehmer unter Vorantritt des Musikkorps auf einem

zu diesem Zwecke angelegten, langen, geraden Kiesweg, welcher an beiden Seiten mit Tannen und großen Masten, von denen Flaggen herabwehen, bepflanzt ist, nach dem ebenfalls reich mit Guirlanden und Grün geschmückten Lokomotivschuppen, in welchem auf langen aufgestellten Tafeln bei prächtiger Concertmusik das bereits angekündigte Frühstück eingenommen wurde. Leider vermißten wir unter den Festtheilnehmern von hier einen Vertreter des Handelsstandes. Nach einer Ansprache des Herrn Landraths von Doetinchem, welcher die anwesenden Gäste nochmals begrüßte und seine Rede mit dem Wunsche schloß, daß die neue Eisenbahn ein Segen des reichgesegneten Unstrutthales sein möge, und nach Beendigung des Frühstücks trat 12 Uhr 48 Min. der Zug unter Jubel der Bevölkerung seine Rückreise nach Naumburg an, wobei zunächst in Freyburg das Mittagessen stattfindet.
Wünschen wir sämmtlichen Festtheilnehmern eine fröhliche und gesunde Heimkehr.
Zur Erinnerung an die Eröffnung der Unstrut-Eisenbahn Naumburg-Artern am 1. October hat das Naumburger Kreisblatt ein vor Dr. Nebe, Roßleben, verfaßtes Festschriftchen den Theilnehmern gewidmet, dasselbe enthält außer der folgenden Einleitung einen allgemeingeschichtlichen Ueberblick und eine historische Wanderung von der Unstrutmündung bis Artern und giebt einen kurz gefaßten geschichtlichen Ueberblick sämmtlicher von der Eisenbahn berührten Ortschaften, die dem Wanderer durch das Unstrutthal willkommen sein wird".
In der nächsten Nummer wird die Berichterstattung von den Eröffnungsfeierlichkeiten fortgesetzt:
"Das gleiche Bild, welches sich den Theilnehmern der Eisenbahneröffnungsfestfahrt am Bahnhof Artern zeigte, wiederholte sich an allen Bahnhöfen der Stationen bis Freyburg: zahllose, fröhliche Menschen, Hurrarufen, Musik, Kanonenschüsse und geschmückte Bahnhöfe. Hatte doch selbst der Himmel sein heiteres Gesicht aufgesteckt und einen freundlichen Herbsttag uns geschenkt, der es ermöglichte, die vielseitig interessante Gegend mit ihren landschaftlichen Schönheiten, Wälder und Weinberge in herbstlicher Färbung, welche die Bahn durchschneidet, genügend zu sehen. Bei Kirchscheidungen hielt der Zug an, damit die dort erbaute Hochfluthbrücke, ein massives großes Bauwerk, besichtigt werden konnte. Pünktlich um 2 Uhr 45 Min. Nachmittags lief der Zug in den Freyburger Bahnhof ein, von der Schützen-Companie mit klingendem Spiel erwartet. Die 250 Fahrgäste entstiegen dem Zug unter Klängen des Präsentiermarsches und nachdem der Herr Regierungs-Präsident die Front abgeschritten, bewegte sich der Zug unter Vorantritt der Musik und der Schützen in die festlich mit Ehrenpforten, Guirlanden und Tannenbäumen geschmückten Straßen der Stadt, wofür die Stadtväter 300 Mk bewilligt hatten, nach dem Schützenhause, in welchem das Festessen stattfand. Der große Saal war vollständig gefüllt und die fünf langen Tafeln bald besetzt von den das Festmahl erwartenden Gästen. Der erste Toast wurde von dem Herrn Regierungs-Präsidenten in längerer Rede und ergreifenden Worten auf das Herrscherhaus und das Vaterland ausgebracht. Der folgende Toast des Herrn von Helldorf-Zingst galt dem Herrn Eisenbahn-Minister und allen seinen Beamten, welche an dem Bau der Bahn mitgewirkt hatten. Es folgten dann Toaste auf das Comite, die Stadt Freyburg u.a., welche mit dem Absingen eigens zu dem Feste verfaßter Lieder abwechselten. Die Stimmung war zuletzt eine so gehobene, daß die reden wollenden nicht mehr zum Worte kamen. Kurz vor 7 Uhr Abends verließ der Zug nach Artern den Bahnhof Freyburg und brachte die Theilnehmer wieder glücklich in ihre Heimath. An den Bahnhöfen herrschte noch reges Leben seitens der Ortsbewohner, die ihre Freude über die Unstrutbahn abermals durch Hurrarufen und Musikaufführung Ausdruck gaben. Sämmtliche Festtheilnehmer erklärten ihre Freude, der Eröffnungsfeier beigewohnt zu haben. Zwar war der Herr Eisenbahnminister und der Herr Ober-Präsident nicht anwesend, aber durch einen Oberregierungs- und einen Ober-Präsidialrath vertreten."
Soweit die Berichterstattung aus dem "Anzeiger für Artern und Umgebung".

Am 1. Oktober 1889 wurde dann der fahrplanmäßige Betrieb aufgenommen. Doch nicht lange. Bereits am 3. Oktober 1889 vormittags, am dritten Tage nach der feierlichen Eröffnung mußte der Betrieb zwischen Naumburg undDonndorf völlig eingestellt werden. Dammrutschungen und Gleissenkungen waren die Ursache. Die entsprechenden Reparaturarbeiten dauerten vier Tage und am 6. Oktober 1889 um 11.00 Uhr konnten wieder Züge zwischen Naumburg und Artern verkehren.

Vom 1. November 1889 an wurde zusätzlich zu den bereits verkehrenden Zügen zwischen Roßleben und Artern noch ein Früh- und ein Abendzug, der Wagen der 2. bis 4. Klasse führte, eingelegt.

Das erste Betriebsjahr der Eisenbahn war von einer stetigen Aufwärtsentwicklung gekennzeichnet. Mehrfach wurden die Fahrpläne geändert, seit dem 1. Juni 1890 verkehrten 5 statt 4 Reisezüge in jeder Richtung zwischen Naumburg und Artern. Auch die Anschlußmöglichkeiten in Naumburg und in Artern wurden verbessert.

Die Inanspruchnahme der Unstrutbahn durch Reisende entwickelte sich erfreulich. Einer Meldung des Querfurter Kreisblattes vom 9. Januar 1890 zufolge betrug der Personenverkehr im ersten Vierteljahr des Bestehens der Bahn ausweislich des Fahrkartenverkaufs etwa 23 000 Personen.

Allerdings kam es in diesem ersten Betriebsjahr zu einer Reihe von Störungen. So war die Unterbrechung der Bahn am 3. Oktober 1889 wegen Dammrutsches kein Einzelfall. Am 21. Mai 1890 kam es wegen Wolkenbruches bei Donndorf zu Dammunterspülungen, und am 23. Mai wegen Gewitters in der Nähe von Gehofen zu einer Unterspülung des Bahndammes, die jeweils Unterbrechungen der Bahnlinie und Umsteigeverkehr nach sich zogen. Das wiederholte sich am 26. November 1890, als die Eisenbahnstrecke infolge Hochwassers unbefahrbar wurde. Die Teilstrecke Artern – Freyburg konnte nach dem Hochwasser am 29. November 1890, die Reststrecke bis Naumburg erst am 4. Dezember 1890, allerdings noch mit Umsteigen in Kleinjena, wieder in Betrieb genommen werden.

Auch einige Bahnbetriebsunfälle sorgten für öffentliches Aufsehen. So kam es zu einer Reisezugentgleisung am 18. März 1890 einige hundert Meter vor der Station Reinsdorf. Und am 23. Juni desselben Jahres stieß der 7.22 Uhr von Sangerhausen in Artern ankommende Personenzug mit dem zur Abfahrt nach Naumburg bereitstehenden Zug der Unstrutbahn zusammen. Glücklicherweise kam es in beiden Fällen zu keinerlei Personenschaden. Dieser blieb in einem anderen Fall jedoch nicht aus. Ein Rangierarbeiter aus Artern, der am 20. September 1890 als Hilfsbremser eines Arbeitszuges eingesetzt war, welcher aus der Kiesgrube bei Wendelstein Kies für Bettungsmaterial förderte, verunglückte. Der Wagen, auf dem er die Handbremse bediente, entgleiste. Dadurch wurde der Bremser so unglücklich auf die Schienen geschleudert, daß ihm durch den fahrenden Arbeitszug beide Beine abgefahren wurden.

Die Entwicklung der Eisenbahnstrecke von 1890 bis zur Gegenwart

Die Unstrutbahn wurde als Nebenbahn geplant und gebaut. Sie verfügte in Naumburg (Saale) Hbf, dem südöstlichen Endpunkt der Bahn, über einen Zugangspunkt zu der Ost-West-Magistrale Halle (Saale) – Weißenfels – Erfurt – Kassel bzw. Frankfurt/Main. Auf dem nordwestlichen Endpunkt der Bahn, in Artern, war der Übergang auf die eingleisige Hauptbahn Erfurt – Sangerhausen – Magdeburg und in dem unweit von Artern gelegenen Sangerhausen auf die ebenfalls bedeutende Ost-West-Verbindung Halle – Nordhausen – Kassel bzw. Ruhrgebiet gewährleistet. Letztgenannter Endpunkt wurde erreicht, indem zwischen Reinsdorf (b. Artern) und Artern die Gleise der Hauptbahn Erfurt – Sangershausen – Magdeburg mitbenutzt werden konnten.

Am 08.08.1898 stellten sich eine Rotte der Bahnmeisterei Laucha und die Bahnbeamten von Kirchscheidungen in Pose. Foto: Slg. P. Lauerwald

Die Bahnamtliche Rollfuhr des Bahnhofs Roßleben um 1910. Foto: Slg. P. Lauerwald

In nördlicher und südlicher Richtung war somit von der Unstrutbahn aus ein günstiger Hauptbahnanschluß gewährleistet. Diese Tatsache und der doch recht geringe Industrialisierungsgrad des Einzugsbereiches brachten es mit sich, daß die Strecke während ihrer mehr als hundertjährigen Geschichte nicht als Hauptbahn ausgebaut wurde. So fehlen bis zum heutigen Tage auf der Strecke Streckenblockeinrichtungen und nicht alle Bahnhöfe sind mit Ausfahrsignalen ausgestattet. Am Eröffnungstage der Bahn verfügte sie, abgesehen von ihren Endpunkten, über die Stationen Kleinjena, Freyburg/Unstrut, Balgstädt, Laucha, Kirchscheidungen, Carsdorf, Vitzenburg, Nebra, Roßleben, Donndorf, Gehofen und Reinsdorf. Als Bahnhöfe waren davon Freyburg/Unstrut, Laucha, Carsdorf, Vitzenburg, Nebra, Roßleben, Donndorf und Gehofen ausgebildet. Sowohl hinsichtlich der Zugangspunkte zum Netz als auch der Zahl der Bahnhöfe, der Betriebsstellen also, wo Züge beginnen, enden, kreuzen und überholen können, hat sich in der mehr als einhundertjährigen Geschichte der Bahn nichts geändert. Lediglich Donndorf ist kein Bahnhof mehr, dafür aber Reinsdorf (b. Artern) durch den Bau einer Verbindungskurve zum Bahnhof geworden.

Ein Personenzug von Naumburg passiert den Bahnübergang "Am Hohn" vor Laucha. Aufnahme vor dem Ersten Weltkrieg. Foto: Slg. N. Müller

Der Zugverkehr hielt sich bei den Personen- wie auch Güterzügen in engen Grenzen. Bei den Güterzügen kam es dann mit dem Kaliwerk Roßleben und dem vollen Ausbau des Zementwerkes Karsdorf doch zu erheblichen Zuwächsen.
Im vom 1. Mai bis 30. September 1914 geltenden Fahrplanabschnitt verkehrten zwischen Naumburg und Artern in jeder Richtung 5 Personenzüge. Dazu kamen noch ein Zugpaar zwischen Naumburg und Roßleben, werktäglich 4, an Sonn- und Feiertagen 5 Zugpaare zwischen Naumburg und Laucha sowie täglich ein Zugpaar zwischen Roßleben und Artern. Im Sommerfahrplanabschnitt 1934 war die Zahl der zwischen Naumburg und Artern verkehrenden Züge unverändert geblieben, das Zugpaar zwischen Naumburg und Roßleben sowie das Zugpaar zwischen Roßleben und Artern waren entfallen. Die zusätzlich täglich zwischen

Naumburg und Laucha verkehrenden Züge blieben mit 5 in jeder Richtung ebenfalls konstant, wobei von Laucha aus in Richtung Naumburg werktags und vor Sonntags zusätzlich noch je ein Zug verkehrte.

Im vom 3. Juni 1946 an geltenden Fahrplanabschnitt waren zwischen Naumburg und Artern täglich zwei Zugpaare, werktäglich weitere zwei Zugpaare eingelegt. Dazu kam ein weiteres Zugpaar zwischen Naumburg und Laucha, das nach bzw. von Kölleda verkehrte.

Der gegenwärtig gültige Fahrplan sieht täglich sechs Zugpaare zwischen Naumburg und Artern vor. Dazu kommt werktäglich ein weiteres hinzu. Außerdem verkehren werktags außer samstags zwischen Naumburg und Nebra vier Zugpaare, ein weiterer Zug zwischen Naumburg und Nebra sowie zwischen Laucha und Naumburg.

Eisenbahn-Fahrplan gültig vom 15. Mai 1927 ab.
Naumburg-Artern.

Naumburg	ab	4,52	5,02	9,13	12,57	16,00	18,17	19,15		22,53
Kleinjena			5,09	9,19	13,04	16,07	18,24	19,22		22,59
Freyburg a. U.		5,04	5,17	9,26	13,13	16,15	18,33	19,30		23,06
Balgstädt			5,23	9,32	13,20	16,22	18,39	19,36		23,12
Laucha a. U.		5,46	5,35	9,41	13,31	16,38	18,48	19,45		23,31
Kirchscheidungen			5,42	9,47	13,38		18,54			23,38
Carsdorf			5,52	9,56	13,51		19,02			23,47
Ditzenburg			6,04	10,06	14,00		19,16			23,57
Nebra			6,13	10,15	14,10		19,26			0,07
Roßleben			6,36	10,33	14,30		19,49			0,28
Donndorf			6,46	10,41	14,40		20,04			0,37
Gehofen			6,56	10,49	14,49		20,15			0,46
Reinsdorf			7,05	11,08	14,57		20,25			0,54
Artern	an		7,11	11,14	15,03		20,32			1,00

(senkrechter Vermerk: nach Kölleda — nach Sömmerda — Nur Mi. Sd u. S bis 15./9.)

Artern-Naumburg.

Artern	ab		4,56	8,02		12,15	16,36			21,44
Reinsdorf			5,03	8,09		12,22	16,44			21,51
Gehofen			5,11	8,18		12,31	16,53			22,00
Donndorf			5,20	8,27		12,43	17,04			22,10
Roßleben			5,30	8,39		12,57	17,17			22,19
Nebra			5,50	8,59		13,20	17,37			22,39
Ditzenburg			6,02	9,10		13,32	17,49			22,50
Carsdorf		w.	6,12	9,20		13,48	17,58			22,59
Kirchscheidungen			6,22	9,30		13,59	18,07			23,15
Laucha a. U.		5,37	6,34	9,42	10,36	14,10	18,18	19,06		23,25
Balgstädt		5,46	6,44	9,50	10,45	14,19	18,27	19,15		23,34
Freyburg a. U.		5,52	6,50	9,59	10,51	14,27	18,37	19,29		23,40
Kleinjena		5,59	6,58	10,06	10,58	14,34	18,44	19,36		23,47
Naumburg	an	6,06	7,05	10,13	11,05	14,41	18,51	19,43		23,54

(senkrechter Vermerk: von Kölleda — von Kölleda — Nur Mi. Sd u. S bis 15./9.)

Repro: N. Müller

Trotz der sich nicht verändernden Zahl der Zugangspunkte zur Unstrutbahn hat sich innerhalb der einzelnen Stationen teilweise eine beachtliche Entwicklung vollzogen.

Laucha (Unstrut) und Vitzenburg wurden Ausgangspunkte weiterer Lokalbahnen, in Karsdorf und Roßleben entwickelten sich mit dem Kali- bzw. Zementwerk große Anschlußbahnen und in ihrem Gefolge entsprechende Gleisanlagen der beiden Bahnhöfe.

Verfolgen wir die Entwicklung der einzelnen Stationen der Unstrutbahn entsprechend ihrer geographischen Lage von Süden nach Norden.

Ausgangspunkt ist der Bahnhof Naumburg (Saale) Hbf. Dieser an der Strecke Halle – Erfurt – Kassel bzw. Frankfurt/Main, der Stammstrecke der Thüringischen Eisenbahn, gelegene Bahnhof wurde anläßlich der Inbetriebnahme des zweiten Teilstücks dieser Bahn von Weißenfels nach Weimar am 19. Dezember 1846 eröffnet. Er wurde Ausgangspunkt der Unstrutbahn und der am 29. Juni 1900 eröffneten Eisenbahnstrecke Naumburg (Saale) – Teuchern. Der in km 3,06 liegende Haltepunkt Kleinjena wurde bald auch als Zugfolgestelle zum Zwecke der Verdichtung der Zugfolge zwischen Naumburg (Saale) Hbf und Freyburg (Unstrut) ausgebaut. Noch heute ist der Haltepunkt mit einer Blockstelle verbunden.

In km 6,17 folgt dann der Bahnhof Freyburg/Unstrut. Als Mittelpunkt des Weinbaugebietes Saale-Unstrut und Standort entsprechender Keltereien war Freyburg bis in die 60er Jahre dieses Jahrhunderts Ziel vieler Sonderzugfahrten, inbesondere zu den jährlichen Winzerfesten.

Güterverkehrlich war darüber hinaus der Kalksteinversand, der mit der Stillegung der mittels Seilzug betriebenen Anschlußbahn der Fa. Flemming, Kalksandsteinwerke Freyburg, im März 1978 sein Ende fand, und die Sandverladung von Bedeutung. Letztere, die zu DDR-Zeiten Freyburg zu einem Massengutverladebahnhof machte, 1988 kamen 587 700 Tonnen Sand zur Verladung, nahm 1990 ebenfalls ein Ende. Freyburg wurde damit güterverkehrlich bedeutungslos.

In km 8,64 befindet sich der Haltepunkt Balgstädt. Als Haltepunkt entstanden, wurde auch er bald zur Erhöhung der Zugfolge zwischen Freyburg und Laucha als Blockstelle eingerichtet. Als solche wurde er bis zum 31. Dezember 1993 genutzt. Mit dem Wegfall der Blockstelle am 31. Dezember 1993 entfiel auch die personelle Besetzung dieses Haltepunktes, die vorhandene Fahrkartenausgabe wurde zum gleichen Zeitpunkt geschlossen.

Kurz hinter Balgstädt, in km 9,1 befand sich bis zum Juni 1969 auf der freien Strecke der Gleisanschluß einer LPG-Gemeinschaftseinrichtung, in dem landwirtschaftliche Produkte und Düngemittel umgeschlagen wurden. Die Betriebsführung erfolgte durch die Deutsche Reichsbahn, bei einer Anschlußbedienung mußte das Streckengleis gesperrt werden. In km 13,18 liegt der Bahnhof Laucha(Unstrut). Zwischen Laucha (Unstrut) und Kölleda verlief die über den Höhenzug der Finne laufende eingleisige regelspurige Nebenbahn, die "Finnebahn". Sie wurde gebaut, um eine Eisenbahnanbindung für die seinerzeit abgeteuften Kalischächte bei Billroda, Lossa und Rastenberg zu schaffen und zugleich Möglichkeiten für den Abtransport landwirtschaftlicher Produkte, so der Zuckerrüben zur Zuckerfabrik Laucha, zu gewährleisten. Das erste 19,26 km lange Streckenstück von Kölleda nach Lossa wurde am 1. Mai 1914 eröffnet. Ihm folgten am 1. Juli 1914 der 3,53 km lange Abschnitt zwischen Lossa und Billroda und am 1. Oktober 1914 das 16,01 km lange Reststreckenstück zwischen Billroda und Laucha. Die Finnebahn verlor durch die Stillegung der Kalischächte im Gefolge der Wirtschaftskrisen in den zwanziger Jahren schnell ihre Bedeutung. Am 2. November 1947 wurde dann die Teilstrecke Kölleda-Lossa stillgelegt und abgebaut. Auf der Reststrecke wurde der Reise- und Güterverkehr von Laucha aus bis zum 30. Oktober 1967 aufrecht erhalten. Zu diesem Zeitpunkt wurde der Reisezugverkehr zwischen Lossa und Bad Bibra eingestellt, am 30. September 1973 dann auch zwischen Bad Bibra und Laucha. Wagenladungsverkehr nach und von Bad Bibra und Lossa wurde im Streckenrangierbetrieb abgewickelt. Mittlerweile sind die beiden Gütertarifbahnhöfe Bad Bibra und Lossa geschlossen, die noch vorhandenen Gleisanlagen wurden 1995 dem Bahnhof Laucha als Bahnhofsnebengleis zugeordnet.

Im Zusammenhang mit dem Bau der Finnebahn wurde der Bahnhof Laucha umgebaut und erhielt seine heutige Gestalt. Insbesondere der sämtliche Bahnsteige verbindende Fußgängertunnel ist im Ergebnis dieses Umbaues entstanden. In km 16,11 befindet sich der Haltepunkt Kirchscheidungen. Bei der Streckeneröffnung war Kirchscheidungen schon für den Wagenladungsverkehr zugelassen und wurde bald zum Vollbahnhof ausgebaut. Doch nach 1945 entwickelte sich seine Bedeutung im Güterversand und -empfang zurück. Er wurde als Gütertarifbahnhof geschlossen und als Konsequenz daraus der Bahnhof mit Wirkung vom 1. Dezember 1951 in eine Blockstelle umgewandelt. Reste der ehemaligen Rampe gegenüber dem Empfangsgebäude erinnern noch an diese Zeit. Kirchscheidungen ist heute ein Haltepunkt. Verbunden mit dem Haltepunkt ist eine Blockstelle. Die ebenfalls dort vorhandene Fahrkartenausgabe wurde 1995 geschlossen, die Abfertigungsbefugnis aufgehoben.

In km 20,82 befindet sich der Bahnhof Karsdorf. Ursprünglich "Carsdorf" geschrieben, wurde diese Schreibweise zwischen 1935 und 1938 zugunsten der heutigen Ortsnamensschreibweise aufgegeben. Karsdorf entwickelte sich als Standort eines Zementwerkes zum neben Roßleben bedeutendsten Bahnhof der Unstrutbahn.

Bereits 1912 kam der Gedanke auf, hier ein Zementwerk zu errichten. Die notwendigen Rohstoffe wie Kalkstein, Ton, Sand und Gips waren in der näheren Umgebung reichlich vorhanden. Auch auf ein entsprechendes Arbeitskräftepotential konnte zurückgegriffen wer-

Unterbrochener Zugbetrieb wegen des Brückenwechsels in Kirchscheidungen um 1935. An der Zugspitze eine 57.10 (pr. G 10). Foto: Slg. N. Müller

den, da die Gegend nur schwach industrialisiert war. Der 1. Weltkrieg verhinderte zunächst die Realisierung dieser Pläne. Doch in den darauffolgenden Jahren wurden sie wieder aufgegriffen. Am 1. April 1927 wurde mit dem Bau eines Zementwerkes begonnen, das 1928 bereits seinen Betrieb aufnahm. Nach dem 2. Weltkrieg mit seinen verheerenden Folgen wuchs der Bedarf an Zement ins Riesenhafte. Das Zementwerk Karsdorf steigerte seine Produktion von 1945 mit 50 000 Tonnen auf 1951 mit 221 000 Tonnen. Das reichte jedoch nicht aus. 1952 wurde der Beschluß gefaßt, in Karsdorf ein weiteres Zementwerk zu errichten. Für das Werk 2 erfolgte 1956 der erste Spatenstich, 1959 produzierte es bereits 145 000 Tonnen. 1963 wurde zusätzliche die Produktion von Mineralwolle aufgenommen, 1967 d e Millionen-Tonnen-Grenze in der Jahreszementproduktion überschritten. Zwischen 1967 und 1971 wurde

Lok 4 (Henschel 1922/19383, ex 74 158) der Karsdorfer Zementwerke und Lok 29 der Leunawerke als Leihlok im Herbst 1960 in Karsdorf. Foto: W. Umlauft/Slg. P. Lauerwald

zusätzlich das Werk 3 für die Mineralwolleproduktion errichtet. Da der Zementversand fast ausschließlich per Bahn erfolgte, umgekehrt der Empfang per Bahn insbesondere von Kohle enorm wuchs und auch die erforderlichen Leerwagen zuzuführen waren, galt es entsprechende Eisenbahnanlagen zu schaffen. Sie wurden insbesondere über den Bau einer großen Anschlußbahn realisiert. Sie umfaßte 1989 rund 45 km Gleisanlagen mit 134 Weicheneinheiten. Da sie eigene Betriebsführungen besaß, verfügte sie auch über einen entsprechenden Fahrzeugpark. Dieser entwickelte sich von einer Benzinlokomotive in den ersten Nachkriegsjahren auf einen Lokomotivpark im Jahre 1989 von vier Lokomotiven der Dieselbaureihe V 75 und sieben Lokomotiven der Dieselbaureihe V 60.

Die Anschlußbahn konnte zugfahrstraßenmäßig sowohl aus und in Richtung Naumburg als auch aus und in Richtung Artern befahren werden. Sie war also beidseitig an die Unstrutbahn angebunden. Neben den ursprünglich zum Bahnhof Karsdorf gehörenden Fahrdienstleiterstellwerk (B 3) und Wärterstellwerk (W 4) wurden im Gefolge des Ausbaus der Anschlußbahn das Stellwerk ZW 2 (Wärterstellwerk Ausfahrt aus der Anschlußbahn Richtung Artern) und ZB 1 (Fahrdienstleiterstellwerk Ausfahrt aus der Anschlußbahn Richtung Naumburg) als elektro-mechanische Stellwerke neu errichtet. Sie wurden von Mitarbeitern der Deutschen Reichsbahn bedient, waren aber Eigentum der Anschlußbahn. Speziell für den Rangierbetrieb der Anschlußbahn entstand 1975 ein Gleisbildstellwerk, das Stellwerk R 5. Dessen Bedienung lag in den Händen der Anschlußbahn.

Zwei dieselelektrische Maschinen der tschechischen BR T 435 (bei der DR V 75) am 26.04.1981 im Zementwerk Karsdorf. Foto: N. Müller

Nach dem Zusammenbruch der DDR im Gefolge der friedlichen Revolution des Herbstes 1989, dem Beitritt der neugegründeten Länder zur Bundesrepublik und der Privatisierung des Zementwerkes kam es zu einem dramatischen Rückgang der Zementproduktion und einem noch dramatischeren Rückgang des Zementversands per Schiene. Die Anlagen der Anschlußbahn erwiesen sich nun als überdimensioniert und ihre zweiseitige Anbindung an die Strecke wurde aufgegeben. Die Wagenübergabestelle wurde aus der Anschlußbahn in die Gleise 3 und 5 des Bahnhofs Karsdorf verlegt.

Die Zugfahrstraßen aus und in die Anschlußbahn wurden zurückgebaut, die Anschlußbahn übernahm die Besetzung der Stellwerke ZB 1 und ZW 2 in eigene Regie. Ab 1. März 1992 wurden sie bereits zeitweilig ausgeschaltet, zum 1. Oktober 1992 stillgelegt. Mittlerweile wurde der Anschlußbahnbetrieb vom eigentlichen Zementwerk getrennt und ab 1. Oktober 1992 übernahm die Karsdorfer Eisenbahngesellschaft die Betriebsführung für die Anschlußbahn. Von Anbeginn ihrer Tätigkeitsaufnahme engangiert sich diese Gesellschaft auch für die Organisierung eines effektiven öffentlichen Schienennahverkehrs, worauf später zurückzukommen ist.

Die nächste Betriebsstelle, der Bahnhof Vitzenburg, liegt in km 25,59. Vitzenburg ist Umsteigebahnhof in Richtung Querfurt – Röblingen am See. Unter Ausnutzung des Tales des Schmoner Baches verläuft hier die am 1. Juli 1904 in Betrieb genommene Nebenbahn Vitzenburg – Querfurt. Diese 15,61 km lange Eisenbahnstrecke schließt an die bereits am 1. Oktober 1884 eröffnete Strecke Querfurt – Röblingen am See an und stellt so eine weitere Verbindung von der Unstrutbahn an die Hauptstrecke Halle – Nordhausen – Kassel dar.

In km 29,14 liegt der Bahnhof Nebra. Dieser Bahnhof hebt sich von den anderen Betriebsstellen der Unstrutbahn dadurch ab, daß er mit einem Relaisstellwerk der Bauart EZMG ausgestattet ist. Im Jahre 1974 bot sich der Deutschen Reichsbahn die Möglichkeit Relaisstellwerksanlagen für Nebenbahnen aus der damaligen Sowjetunion zu importieren. Es handelte sich um den Stellwerkstyp EZM, dessen Weiterentwicklung in der Sowjetunion kurz vorher abgeschlossen war. Wegen teilweise unterschiedlichen Betriebsbedingungen bei den sowjetischen Staatsbahnen (SZD) gegenüber der Deutschen Reichsbahn wurde die Stellwerksbauform EZM entsprechend den Betriebsbedingungen der letztgenannten Bahn modifiziert. Es entstand die Stellwerksbauform EZMG, deren Betriebserprobung bei der Deutschen Reichsbahn übrigens im Bereich des Reichsbahnamtsbezirks Nordhausen, auf den Bahnhöfen Bleicherode Stadt und Bischofferode, erfolgte. Am 12. Dezember 1979 wurde auch der Bahnhof Nebra mit einem Stellwerk dieses Typs ausgestattet und dadurch ein wichtiger Rationalisierungseffekt erreicht. Statt bisher zwei ist jetzt nur noch ein Stellwerk zur Abwicklung der betrieblichen Aufgaben im Zug- und Rangierbetrieb erforderlich, der Bedarf an Stellwerkspersonal konnte um die Hälfte verringert werden. Dieses Stellwerk blieb eine Insellösung für die Unstrutbahn. Mittlerweile wurde auch ein Teil der Gleisanlagen des Bahnhofs Nebra zurückgebaut, da insbesondere für den Güterverkehr sich die vorhandenen Anlagen als entbehrlich erwiesen.

In km 35,86 befand sich die ehemalige Kreuzungsstation und spätere Blockstelle Memleben. Diese nicht als Zugang zur Unstrutbahn konzipierte und betriebene Betriebsstelle hatte ihre Existenz dem längsten Zugfolgeabschnitt der Unstrutbahn zwischen den beiden Bahnhöfen Nebra und Roßleben zu verdanken. Er besitzt eine Länge von 11 km, der bei der gefahrenen Streckengeschwindigkeit für die Streckendurchlaßfähigkeit einen Engpaß bildete. Ursprünglich sollte sie sogar zu einem größeren Betriebsbahnhof für den Abtransport von Kali ausgebaut werden. Aktenkundig belegt ist der geplante Bau einer "normalspurigen Anschlußbahn von Schacht II der Gewerkschaft Roßleben an die Kreuzungsstation Memleben der Staatsbahn Freyburg-Artern." Den Entwurf dazu erstellten im März 1913 die Architekten und Ingenieure Knoch & Kallmeyer aus Halle. Für die Kreuzungsstation Memleben zwischen km 35,4 bis 36,2 waren mit Streckengleis zunächst 6, in der Endstufe sogar 9 Gleise vorgesehen. Von hier aus sollte auch die Anschlußbahn nach "Schacht Orlas" angebunden werden. Dieser Schacht wurde bis März 1967 über einen "Anschluß der freien Strecke" in km 32,72 von der Deutschen Reichsbahn bedient. Der erwähnte "Entwurf" trägt bereits mehrere Prüfungs- und Genehmigungsvermerke, so z.B. vom "Königlichen Bergrevierbeamten zu Naumburg" vom 10. Juni 1913, von der "Königlichen Eisenbahndirektion Erfurt" vom 13. Juni 1913, vom "Königlichen Regierungspräsidenten zu Merseburg als Landespolizeibehörde" vom 29. Juli 1913. Der letzte Ergänzungsvermerk von der "Königlichen Eisenbahndirektion" wurde in Erfurt am 20. März 1914 angebracht. Als letztes Datum ist auf diesem "Entwurf" der 11. August 1914 zu finden. Der hierzu angebrachte Stempel über die landespolizeiliche Prüfung durch den Königlichen Regierungspräsidenten zu Merseburg (ohne Unterschrift) wurde jedoch wieder gestrichen. Das geplante Vorhaben ist – auch in Teilen – aus nicht überlieferten Gründen nicht realisiert worden.

Immerhin belegt dieser Entwurf, daß bereits im Jahre 1913 in Memleben eine Kreuzungsstation, ein Bahnhof also, bestanden hat. Dieser war zumindest bis zum Ende der 30er Jahre vorhanden und wurde in der Folge in eine Blockstelle umgewandelt, die um 1965 dann aufgehoben wurde.

Den Bahnhof Roßleben finden wir in km 40,12. Er verdankte seine überragende Bedeutung den Kalifundstätten im Raum Roßleben, deren Abbau durch die am 23. April 1903 gebildete "Gewerkschaft Roßleben" in Angriff genommen wurde. Der Schachtbau wurde am 15. Juni 1903 begonnen und erreichte am 29. Januar 1905 in einer Tiefe von 319 m das Hartsalzlager. Die vorläufige Endteufe betrug 360 m. Am 8. Februar 1905 erfolgte der erste Kaliversand per Schiene vom Bahnhof Roßleben. Zu diesem Zeitpunkt war auch die Anschlußbahn fertiggestellt, die vom Bahnhof Roßleben zum etwa 2,5 km entfernten Schacht führte. Der durch die Anschlußbahn zu überwindende Höhenunterschied betrug 32,64 m, was einer Neigung von etwa 1:65 oder 15,4 °/oo entspricht.

Während des 2. Weltkrieges wurde wegen starkem Laugeneinbruchs die Kaliförderung eingestellt. Das Werk produzierte in dieser Zeit das auch für die Rüstung dringend benötigte Brom. Erst 1946 wurde die Kaliproduktion wieder aufgenommen. Kali wurde als Düngemittel verstärkt gebraucht. Von Roßleben aus wurden tiefergelegene und weiter entfernt liegende Kalisalzvorkommen erschlossen und abgebaut. Die Abbautiefe wurde auf 700 m erhöht, das Abbaunetz betrug mehr als 60 km Länge.

Bis 1963 konnte die Förderleistung auf das Zweieinhalbfache der Leistung des letzten Produktionsjahres vor dem Kriege, dem Jahre 1938, gesteigert werden. 1963 wurden bereits 134 786 Tonnen gefördert. In den Jahren 1964/1965 erfolgte eine grundlegende Rekonstruktion des gesamten Betriebes bei Beibehaltung der Produktion. Das betraf nicht nur die Schachtanlagen unter Tage. Dort wurden beispielsweise nicht nur die Gleisförderung durch Bandförderung ersetzt, sondern auch die gesamte Anschlußbahnanlage rekonstruiert, die aus 19,3 km Gleisanlagen und 75 Weicheneinheiten bestand. Bestandteil der Rekonstruktionsarbeiten war der Bau neuer Übergabe- und Verladegleise und einer Verladeanlage neben den Gleisanlagen des Bahnhofs Roßleben. Diese Neuanlage umfaßte vier Hauptgleise mit Ein- und Ausfahrmöglichkeiten für Züge und zwei Nebengleise. Im Gefolge konnte die bisherige Bedienung einer zum Werk gehörigen Schachtanlage durch einen Gleisanschluß der freien Strecke aufgehoben werden. Im Zusammenhang mit der Errichtung dieser Gleisanlagen wurden auf dem Bahnhof Roßleben zwei Stellwerke neu errichtet, die heutigen Stellwerke W 2 und B 3. Das vorhandene Stellwerk W 1 wurde grundlegend rekonstruiert. Der Fahrdienstleiter des Bahnhofs Roßleben, der bisher im Empfangsgebäude untergebracht war, wurde auf das neue Stellwerk B 3 umgesetzt. Die Kaliproduktion wuchs im Jahre 1966 auf das Doppelte der 1963 geförderten Menge, 1986 gar auf das Dreifache. Und alles wurde per Schiene abbefördert.

Eine Besonderheit muß noch Erwähnung finden. Das Kaliwerk "Heinrich Rau" war der einzige Betrieb im Rbd-Bezirk Erfurt, der noch öffentlichen Personenverkehr auf seiner Anschlußbahn bis zum Ende seiner Tätigkeit 1990 durchführte. Auf der zirka 2 km langen Strecke zwischen dem Bahnhof Roßleben, dem Ausgangspunkt der Anschlußbahn, und dem Kaliwerk wurden täglich etwa 1500 Kalikumpel und Beschäftigte des Kaliwerks befördert. Der Bahnhof Roßleben bildete dabei den Umsteigepunkt zwischen den Berufszügen der Deutschen Reichsbahn und Berufsverkehrslinien des damaligen VEB Kombinat Kraftverkehr und den besonderen Berufsverkehrzügen der Anschlußbahn des Kaliwerks.

Die Anschlußbahn verfügte für die Abwicklung des Arbeiterberufsverkehrs auf den Anschlußbahngleisen über einen Personenwagenpark bestehend aus 7 Bag-Wagen. In der Anschluß-

Lok 2 (Borsig 1905/5885) des Kaliwerkes "Heinrich Rau" in Roßleben war bis 1967 im Einsatz. Am 18.10.1969 wartete sie in Roßleben auf die Verschrottung. Foto: B. Schröder

Rangierarbeiten mit der Roßlebener Werklok 3 im Sommer 1961. Am Wasserkasten der Henschel-Lok findet sich noch das Schild "Gewerkschaft Roßleben" aus einer vorangegangenen Epoche. Foto: W. Umlauft/Slg. S. Heym

bahn selbst war zur Sicherung dieser und der sonstigen Rangierfahrten ein Stellwerk in Gleisbildtechnik der Bauform II vorhanden.

Im Gefolge der Vereinigung Deutschlands brach die Kaliproduktion im Südharzrevier, zu dem auch Roßleben gehörte, total zusammen. Nicht eines der 6 Kaliwerke dieses Reviers überlebte. Damit nahm auch der Kalitransport auf der Schiene und die Anschlußbahn ein Ende. Ein Großteil der Anschlußbahnanlagen ist bereits demontiert, der Bahnhof Roßleben in seiner verkehrlichen Bedeutung erheblich zurückgegangen.

Festumzug zum 1. Mai Anfang der Fünfziger Jahre in Roßleben. Die Eisenbahner des Bf Roßleben beteiligten sich mit einem schmucken Wagen. Foto: Slg. P. Lauerwald

Donndorf (Unstrut) liegt in km 44,35. Ursprünglich als Bahnhof gebaut, erreichte er für die Betriebsführung der Unstrutbahn keine größere Bedeutung. 1972 wurde deshalb die Besetzung des Fahrdienstleiters Donndorf aufgehoben, der Bahnhof ausgeschaltet. Seine Gleisanlagen und die Sicherungstechnik wurden für mögliche Verkehrszuwächse konserviert. Nach der Wende 1989 wurde jedoch auf diese Vorhaltung verzichtet, die entsprechenden Anlagen werden schrittweise abgebaut.

In km 48,33 liegt der Bahnhof Gehofen. Dieser Bahnhof hat sich in seiner Aufgabenstellung und im Anlagenbestand gegenüber der Streckeneröffnung kaum gewandelt. Er entspricht in seiner sicherungstechnischen Ausstattung den Anforderungen an den "klassischen" Nebenbahnbahnhof der dreißiger Jahre. So verfügt er über keine Ausfahrsignale, was nach dem geltenden Regelwerk die Anwesenheit einer Aufsicht, die allerdings vom Fahrdienstleiter in Personalunion verkörpert wird, erfordert.

In km 52,67 befindet sich der Bahnhof Reinsdorf b. Artern. Hier mündet die Unstrutbahn in die Hauptstrecke Erfurt – Sangerhausen ein. Ursprünglich nur Haltestelle wurde es durch den Bau einer Verbindungskurve, mit der auch Fahrten von der Unstrutbahn über Reinsdorf nach Erfurt ohne Fahrtrichtungswechsel der zugfördernden Triebfahrzeuge möglich wurden, zum Bahnhof.

Dieses Gleisdreieck wurde auch Voraussetzung dafür, daß die Unstrutbahn eine ideale Umleitungsstrecke bei Betriebsstörungen auf der Magistrale zwischen Naumburg und Erfurt wurde.

In km 14,01 der Strecke Sangerhausen – Erfurt liegt der Endpunkt der Unstrutbahn Artern. Der Bahnhof wurde bereits mit der Inbetriebnahme des ersten Teilstücks Sangerhausen – Artern der Strecke Sangerhausen – Erfurt am 15. Juli 1880 für den Personen- und am 1. Oktober des selben Jahres für den Güterverkehr eröffnet. Diese Strecke nahm auf ihrer Gesamtlänge am 24. Oktober 1881 den Betrieb auf. In Artern endete auch die 1915 in Betrieb genommene und am 5. Juni 1966 stillgelegte Kyffhäuser-Kleinbahn.

Die Unstrutbahn blieb auch von den Auswirkungen des 2. Weltkrieges nicht verschont. Noch 1945 wurde die Eisenbahnbrücke über die Saale zwischen Naumburg und Freyburg/Unstrut zerstört, aber im selben Jahr wieder behelfsmäßig befahrbar hergerichtet.

Die Unstrutbrücke zwischen Reinsdorf b. Artern und Artern ereilte das gleiche Schicksal. Sie konnte bereits am 20. Juni 1945 wieder für die Eisenbahn genutzt werden. In Artern selbst war auch das Gleis 1 in Höhe des Güterschuppens durch Bombeneinwirkung zerstört.

1989 konnte die Unstrutbahn ihr 100-jähriges Bestehen feiern. Dieser Anlaß wurde unter großer Anteilnahme der Bevölkerung begangen. Ein mit einer Dampflokomotive der Baureihe 44 bespannter Sonderzug verkehrte am 1. Oktober 1989 von Naumburg nach Artern und zurück nach Naumburg. Auf den Unterwegsbahnhöfen und Haltepunkten brachten Musikkapellen ein Ständchen, Grußadressen wurden überbracht. Überall spürte man die Verbindung der Bevölkerung mit "ihrer" Unstrutbahn. Ein wahres Volksfest war dieses Jubiläum. Überall wurde zum Ausdruck gebracht, daß diese Bahn noch hundert Jahre verkehren möge.

Möge dieser Wunsch Wirklichkeit werden.

Die Weißenfelser 110 097 bringt am 08.08.1990 den Leerpark vom P 3573 (Leuna Werke Süd - Laucha) bei Freyburg nach Naumburg. Foto: S. Klein

Verwaltungsgeschichtlicher Abriß der Unstrutbahn

Die Unstrutbahn wurde im Auftrag und für die Königlich Preußische Eisenbahnverwaltung (KPEV) gebaut, die sie auch betrieb. Alle privaten Versuche im dritten Viertel des 19. Jahrhunderts das Unstruttal eisenbahnseitig zu erschließen waren mißlungen. So war die Unstrutbahn, wie sie anknüpfend an die Namen dieser mißlungenen Versuche im Volksmund bis auf den heutigen Tag heißt, von Anfang an eine staatliche Eisenbahnstrecke.
Vom Baubeginn wurde sie in die bestehenden Strukturen des staatlichen preußischen Eisenbahnwesen eingeordnet. Sie wurde in einem Gebiet errichtet, welches zum Einzugsbereich der damaligen Königlichen Eisenbahndirektion Erfurt gehörte. Seit der Inbetriebnahme wurde sie dieser und dem ihr nachgeordneten Königlichen Eisenbahnbetriebsamt Erfurt zugeordnet. Durch den umfangreichen Ausbau des Eisenbahnnetzes in den letzten Jahrzehnten des 19. Jahrhunderts genügten die bestehenden Verwaltungsstrukturen der preußischen Eisenbahnverwaltung nicht mehr den Erfordernissen. Die Eisenbahndirektionen und Betriebsämter, räumlich sehr groß ausgelegt aufgrund der ursprünglich geringen Eisenbahninfrastruktur, konnten den quantitativ gewachsenen Anforderungen an eine effektive Verwaltung nicht mehr gerecht werden. Am 1. April 1895 erfolgte eine Umstrukturierung der preußischen Eisenbahnverwaltung. Die Zahl der Direktionen erhöhte sich auf 20, die Eisenbahnbetriebsämter mit ihrem zum Teil gewaltigen Größenumfang wurden aufgelöst. An ihre Stelle traten kleinere Eisenbahnbetriebsinspektionen. Zu diesem Zeitpunkt scheint die Unstrutbahn zum Bestand der Eisenbahnbetriebsinspektion Weimar gekommen sein. In der Zuordnung zum Eisenbahndirektionsbezirk ergaben sich 1895 und auch später keinerlei Veränderungen. 1898 ergaben sich erneute Veränderungen in der Zuordnung zu den Königlichen Eisenbahninspektionen. Dieses scheint der Zeitpunkt gewesen zu sein, zu dem die Unstrutbahn in den Bestand der Königlichen Eisenbahnbetriebsinspektion Weißenfels übergeführt wurde. Mit der Verwaltungsreform 1895 wurde auch die bisher einheitliche Verwaltung aller Eisenbahnbelange in einer Hand aufgegeben und neben den Betriebsinspektionen Verkehrs-, Maschinen- und Werkstätteninspektionen gebildet. Die Unstrutbahn wurde in verkehrlicher Hinsicht der Verkehrsinspektion Erfurt und maschinentechnisch der Maschineninspektion Weißenfels zugeordnet.
1910 wurden diese Inspektionen in Königliche Eisenbahn-Betriebs-, -Verkehrs- und -Maschinenämter umgebildet, ohne daß sich für unsere Strecke etwas in der Zuordnung änderte. 1918, im Gefolge der Auflösung der preußisch-deutschen Monarchie fiel das Wort "Königlich" in der Strukturbezeichnung der Verwaltungsdienststellen weg. Und 1922, im Gefolge der Bildung der Deutschen Reichsbahn wurde aus, seit 1918 nicht mehr königlichen, Eisenbahndirektionen und Eisenbahnämtern Reichsbahndirektionen und Reichsbahnbetriebs-, -verkehrs- und -maschinenämter. Diese hier erwähnten Namensänderungen blieben auf die Zuordnung der Unstrutbahn ohne Belang. Diese änderte sich bis zum Jahre 1946 nicht. Ausgenommen von dieser Zuordnung waren die beiden an der Hauptbahn Erfurt – Sangerhausen – Magdeburg liegenden Bahnhöfe Reinsdorf (b. Artern) und Artern. Sie gehörten zum Bestand des Betriebsamtes 2 in Erfurt, des Verkehrsamtes Erfurt und, hier gemeinsam mit der Unstrutbahn zum Bestand des Maschinenamtes Weißenfels. Diese beiden Bahnhöfe wurden aber schon 1946 in das neugebildete Reichsbahnamt Nordhausen überführt. Eine erneute Veränderung in der Verwaltungsstruktur ergab sich zum 1. Februar 1947. Die bisherigen Betriebs-, Verkehrsämter und Maschinenämter wurden in einer einheitlichen Leitungsebene, dem Reichsbahnamt zusammengefaßt. So entstand das Reichsbahnamt Weißenfels aus dem bisherigen Reichsbahnbetriebsamt Weißenfels, dem Reichsbahnmaschinenamt Weißenfels und Teilen des Reichsbahnverkehrsamt Erfurt. Mit dem 30. April 1955 wurde das Reichsbahnamt Weißenfels aufgelöst. Mit Wirkung vom 1. Mai 1955 wurde aus seinem Bestand, ausgenommen

der an der Strecke Halle (Saale) – Erfurt liegende Endpunkt Naumburg(Saale) Hbf, die Unstrutbahn in den Bestand des Reichsbahnamtes Nordhausen überführt. Zu den von diesem verwalteten Strecken gehörte sie bis zur Auflösung der Ämterebene bei der Deutschen Reichsbahn am 31. Dezember 1991. Der Auflösung der Ämterebene ging die schrittweise Herauslösung bestimmter Verantwortungsbereiche aus dem Aufgabenumfang der Reichsbahnämter voraus. In Anlehnung an die Struktur der Deutschen Bundesbahn wurde der güterverkehrliche Aufgabenbereich am 1. Juli 1990 herausgelöst und n die neugebildete Generalvertretung Gütervekehr Nordhausen der Reichsbahndirektion Erfurt eingeordnet. Die reiseverkehrlichen Aufgaben wurden am 1. März 1991 der neugebildeten Generalvertretung Personenverkehr Erfurt der Reichsbahndirektion Erfurt zugewiesen, die in Nordhausen ein Verkaufsbüro unterhielt. Diese neugebildeten Struktureinheiten übernahmen zugleich auch die vorgenannten Aufgaben auf der Unstrutbahn. Das verbleibende Rest-Reichsbahnamt Nordhausen wurde, wie schon erwähnt, am 31. Dezember 1991 aufgelöst. Die von ihm bis zu diesem Zeitpunkt wahrgenommenen betrieblichen Aufgaben übernahm für den größten Teil des ehemaligen Territoriums des Reichsbahnamtes Nordhausen die neugeschaffene Betriebsabteilung Nordhausen der Reichsbahndirektion Erfurt. Ein kleinerer Teil ging in den Bestand der Betriebsabteilung Erfurt der gleichen Direktion über. Von dieser Teilung wurde auch die bis dato einheitliche Zuordnung der Unstrutbahn zu jeweils nur eine Struktureinheit betroffen. Der Streckenabschnitt von Artern bis einschließlich Roßleben verblieb im Verantwortungsbereich der Betriebsabteilung Nordhausen, der Restabschnitt ging in die Zuständigkeit der Betriebsabteilung Erfurt der Reichsbahndirektion Erfurt über.
Einen erneuten Einschnitt in die Verwaltungszugehörigkeit brachte der Jahreswechsel 1993/1994. Die beiden bisherigen Bahnverwaltungen Deutsche Reichsbahn und Deutsche Bundesbahn wurden entsprechend den Festlegungen des Einigungsvertrages zusammengelegt und auf der Grundlage der Beschlüsse zur Bahnreform privatisiert. Der Behördencharakter der beiden Bahnen wurde damit hinfällig, die bisherigen Strukturen überholt.
Es wurde die Deutsche Bahn AG und innerhalb dieser unterschiedliche Geschäftsbereiche gebildet. Die bisherigen Direktionen wurden aufgelöst und Regionalbereiche sowie Niederlassungen der einzelnen Geschäftsbereiche gebildet.
Die Verantwortung für die Vorhaltung und den Betrieb des Streckennetzes der Unstrutbahn, ausgenommen den Endpunkt Naumburg (Saale) Hbf übernahm die Niederlassung Netz Nordhausen, die güterverkehrlichen Aufgaben die Niederlassung Ladungsverkehr Weißenfels. Diese wurde zum 31. Dezember 1994 aufgelöst und der Streckenabschnitt Artern-Roßleben der Niederlassung Ladungsverkehr Nordhausen, der Abschnitt Nebra-Naumburg (Saale) Hbf der Niederlassung Ladungsverkehr Erfurt zugeordnet. Die Zuständigkeit der anderen Geschäftsbereiche (Regionalverkehr, Fernverkehr, Personenbahnhöfe) orientiert sich im wesentlichen an der Landesgrenze zwischen den Bundesländern Thüringen und Sachsen- Anhalt, die zwischen Roßleben und Nebra verläuft.
Aus derzeitiger Sicht ist damit noch kein Ende des Zuordnungswirrwars erreicht. Angedachte Strukturen mit einer "schlanken" Verwaltung, ein nur noch zweistufiger Hierarchieaufbau werden in den nächsten Jahren weitere Veränderungen und Aufgabenverlagerungen mit sich bringen. Sie werden nicht lange auf sich warten lassen, zumal mit dem Jahre 1996 die Verantwortung für den öffentlichen Personennahverkehr vom Bund auf die Länder übergeht.

Ausblick

Die Unstrutbahn war in ihrer mehr als hundertjährigen Geschichte einem mehrfachen Bedeutungswechsel unterworfen. Gebaut zur verkehrlichen Erschließung des Unstruttales zwischen Naumburg und Artern war sie als Ergänzung zum vorhandenen Hauptbahnnetz von Anfang an als Nebenbahn konzipiert. Diesen Charakter konnte sie bis in die Gegenwart nicht überwinden. Das hatte Einfluß auf die Beförderungsqualität, insbesondere die Streckengeschwindigkeit und die Verkehrshäufigkeit, aber auch die Quantität, deren Grenzen durch die Eingleisigkeit der Strecke bestimmt wurde. Daran änderte auch die Einrichtung zusätzlicher Zugfolgestellen, die Blockstellen und einer zeitweilig betriebenen Kreuzungsstation bei Memleben, nichts.

Eine Aufwertung erhielt die Unstrutbahn in der Zeit der Existenz der DDR. Der ständig wachsende Bedarf an Zement für den Wohnungs- und Industriebau in der DDR, die Nachfrage nach Kali als willkommenes Exportgut zur Aufbesserung der immer schmalen Devisenbasis dieses Staates und für die Intensivierung der landwirtschaftlichen Produktion mit dem Ziel der Eigenversorgung mit landwirtschaftlichen Produkten brachten für die an der Unstrutbahn liegenden Betriebe Zementwerk Karsdorf und Kaliwerk Roßleben Produktionszuwächse in heute kaum noch nachvollziehbaren Dimensionen.

Die Zufuhr benötigter Roh- und Hilfsstoffe und auch der Braunkohle als Energieträger Nr. 1 in der DDR, die Abfuhr der Produkte erfolgten fast ausschließlich per Bahn. Hinzu kommen die entsprechend umfangreichen Leerwagenbewegungen, denn die im beladenen Zulauf befindlichen Wagen waren vom Typ her nicht für den Abtransport der Produkte des Kali- und des Zementwerkes geeignet. Die Unstrutbahn entwickelte sich in diesen Jahren zu einer Bahnstrecke, die überdurchschnittlich hohe Gütertransportleistungen zu bewältigen hatte und diese bewältigt hat. Das fand sein Ende mit dem Untergang der DDR. Die Unstrutbahn verlor ihr bis dahin gehabte große güterverkehrliche Bedeutung. Im Personenverkehr kam sie über eine gewisse regionale Rolle, hier hatte der Arbeiterberufsverkehr einen bestimmten Stellenwert, nicht hinaus.

Mit der Bahnreform, die einen äußeren Höhepunkt mit der Vereinigung der Deutschen Reichsbahn und der Deutschen Bundesbahn zu einem privatisierten, wenn auch noch voll im Staatsbesitz befindlichen Schienenverkehrsunternehmen erreichte, ergeben sich auch für die Unstrutbahn neue Akzente.

Im Gefolge der Bahnreform ist die Verantwortung für den öffentlichen Personennahverkehr in die Hände der Länder und Kommunen übergegangen. Sie wird ab 1996 voll wirksam. Hier kann für die Unstrutbahn eine neue Chance liegen.

Entsprechende Vorstellungen und Konzepte liegen vor, die der Verwirklichung harren.

Die aus der Anschlußbahn des VEB Zementwerkes Karsdorf hervorgegangene Karsdorfer Eisenbahngesellschaft mbH hat ein entsprechendes Konzept, das Projekt Burgenlandbahn, vorgelegt. Innerhalb dieses Konzeptes, daß einen vertakteten und aufeinander abgestimmten öffentlichen Personennahverkehr mit Bus und Bahn im Burgenlandkreis beinhaltet, hat die Unstrutbahn einen hohen Stellenwert. Dabei gibt es gar Überlegungen, die Finnebahn, zumindestens teilweise, wieder zu aktivieren.

Ob, wann und wie diese Konzepte verwirklicht werden, welche Zukunftsperspektive die Unstrutbahn damit erhält, das liegt in der Hand der verantwortlichen Politiker auf Landes- und Kommunalebene.

Hoffen wir, daß die Eisenbahn als umweltfreundliches Verkehrsmittel den ihr gebührenden Stellenwert erhält und unsere UNSTRUTBAHN auch das zweite Jahrhundert ihrer Existenz erfolgreich meistern kann.

km	Rbd Erfurt Zug Nr	19551	15200		15202	15204	15208	15210	15214		15216	15218		15220	15222	15226	15228
0,0	Naumburg (S) Hbf ✕560.600. ab	…	3.30	→1)	4.52	5.22	7.06	9.16	12 54	…	14.15	15.55	…	■17.22	19.11	21.12
3,1	Kleinjena .... [611	…	3.35		4.57	5.27	7.11	9.21	12.59	…	14.20	16.00	…	17.27	19.16	21.17
6,2	Freyburg (Unstrut) ✕	…	3.40		5.03	5.37	c7.27	9.27	13.05	…	14.26	16.06	…	17.32	19.22	21.22
8,6	Balgstädt .... ▼	…	3.44		5.08	5.41	7.31	9.31	13.10	…	14.31	16.10	…	17.37	19.26	21 27
13,2	Laucha (Unstrut) ✕ .... an	…	3.50		5.15	5.47	7.37	9.37	13.16	…	14.37	16 17	…	17.43	19.32	21.33
13,2	Laucha (Unstrut) ...... ab		■4 00											17.44		
17,0	Golzen (Finne) (u) ..... ▼		▲ 4 12											17.55		
20,8	Bad Bibra ✕ .... an		■4 21											18.05		
13,2	Laucha (Unstrut) ✕ .... ab				5.17	5.48		9 38	13.16		14.41	16.17			19.33	21.33
16,1	Kirchscheidungen ...... ▼		❶		5.22	5.53		9 43	13.21		14.45	16.22			19.39	21.38
20,8	Karsdorf .... ▼				5.30	a6.14		9.50	b13 41		15.00	16.32			19.45	21.43
25,7	Vitzenburg ✕ 661 ..... ▼	■3.25			5.37	6.21		9.55	13.48		15.10	16.39			19.52	21.50
29,1	Nebra ✕ .... an	■ 3.30			5.42	6.25		10.02	13.53		15.15	16.44			19.57	21.55
	.... ab				5.52						15.16				19.58	
40,1	Roßleben				6.14						15.39		17.21		20.21	
44,4	Donndorf (Unstrut)				6.26						15.50		17.32		20.33	
48,8	Gehofen				6.34						15.59		17.41		20.41	
52,6	Reinsdorf (b Artern) \ s.a. ▼				6.40						16.05		17.47		20.48	
55,5	Artern ✕ 650 .... / an				6.46						16.10		17.52		20.53	

km	Rbd Erfurt Zug Nr	17570	15201	3560		15203	15205	15207	15209	15211	15213	15215	15217	15221	15223		15219	15227	15229
0,0	Artern ✕ .... \ s.a. ab	…		→❺		4.56				11.18				16.41	18.05			
2,9	Reinsdorf (b Artern) .. 650 ▼	…				5.01				11.27				16.46	18.10			
6,7	Gehofen .... ▼	…				5.07				11.33				16.52	18.16			
11,1	Donndorf (Unstrut) ..... ▼	…				5.16				11.41				17.01	18.25			
15,4	Roßleben .... ▼	…				5.29				11.53				17.11	18.36			
	.... an					5.51				12.15				an	18.51			
26,4	Nebra ✕ .... ab	■4 03				5.57	6 49		10.31	12.35	14.15	16.12	17.02	17.15		18.59	22.20
29,8	Vitzenburg ✕ 661 ...... ▼	■4 09				6.03	6.55		10 37	12.29	14.19	16.18	17.08	17.21		19.04	22.26
34,7	Karsdorf .... ❷					6.10	7.02		10.44	12.36	14.28	16.29	17.15	17.28		19.11	22.35
39,4	Kirchscheidungen ...... ▼					6.17	7 09		10.51	12.43	14.35	16.36	17.22	17.35		19.18	22.42
42,3	Laucha (Unstrut) ✕ .... an					6.22	7.14		10.55	12.47	14.39	16.40	17.27	17.40		19.23	22.46
0,0	Bad Bibra ✕ .... ab					■4.57											
3,8	Golzen (Finne) (u) ..... ▼					▲5.05											
7,6	Laucha (Unstrut) ✕ .... an					■5.11											
42,3	Laucha (Unstrut) ✕ .... ab		4 12	5.23	5.23	6.23	7.15	7.49	10.56	12.48	14.40	16.41	17.27	17.45		19.34	22.47
46,9	Balgstädt .... ▼		4 18	5.30	5.30	6.29	7.21	7.55	11.02	12.54	14.46	16.47	17.34	17.51		19.41	22.53
49,3	Freyburg (Unstrut) ✕ .. ▼		4 23	5 35	5.35	6.34	7.26	8.00	11 07	13.06	14.51	16.52	17.39	17.56		19.46	22.58
52,4	Kleinjena		4 28	5.40	5.40	6 40	7.31	8.06	11 13	13.11	14.57	16.58	17.44	18.02		19.51	23.04
55,5	Naumburg (S) Hbf ✕560.600. an		4 34	5.46	5.46	6 45	7.37	8.12	11.18	13.17	15.01	17.02	17.49	18.06		19.58	23.08

a an 5.59   c an 7.15   ❶ von Querfurt   ❸ nach Weißenfels
b an 13.28   →1) nur ■ →   ❷ nach Merseburg   ❺ nach Sangerhausen

---

Mit der Eisenbahn reisen heißt bequem reisen!

Fahrplan der Unstrutbahn im Sommer 1973. Der im Güterverkehr stark frequentierte nördliche Abschnitt und die Finnebahn wurden nur im Berufsverkehr bedient, der Personenverkehr nach Bad Bibra im Herbst desselben Jahres eingestellt.

---

585 Artern – Naumburg   _Unstrutbahn_   ↓ **585**

Alle Züge 2. Klasse

km	Zug	RB 15601	RB 15603	RB 15605	RB 15607		RB 15613	RB 15617	RB 15619	RB 15621	RB 15623		RB 15625	RB 15627		RB 15633	RB 15637
	Halle (Saale) Hbf 590				🅂 5 24		🅂 9 02	🅂 11 02		🅂 13 02			🅂 15 02	🅂 15 35		🅂 17 35	
	Sangerhausen 595		Ⓐ 439		6 39		9.51	11 51		13 51			15 51	16 39		18.39	
	Artern		Ⓐ 4 56		6 53		10.02	12 02		14 02			16 02	16 53		18.53	
		von															
0	Artern		X 4 59		6 59		10 16	12 16		14 16		Ⓒ 16 16	Ⓐ 16 59		18 59	
3	Reinsdorf (b Artern)		5 03		7 03		10 20	12 20		14 20		16 20	17 03		19 03	
7	Gehofen		X5 08		7 08		x10 25	12 25		14 25		x16 25	x17 08		x19 08	
11	Donndorf (Unstrut)		X5 14		7 14		x10 31	12 31		14 31		x16 31	x17 14		x19 14	
15	Roßleben		5 25		7 25		10 42	12 42		14 42		16 42	17 25		19 25	
26	Nebra		5 42		7 42		10 59	12 59		14 59		16 59	17 42		19 42	
30	Nebra		5 43 Ⓐ	6 46	7 43		11 10	13 10 Ⓐ	14 13	17 10		17 43		19 43 Ⓐ 22 13
			5 50 Ⓐ	6 53	7 50		11 17	13 17	15 17	17 17		17 50		19 50 22 20
	Vitzenburg 587		5 51	6 54	7 58		11 18	13 18	14 21	15 18	16 31	17 18	17 51	19 51 22 21
35	Karsdorf		5 58	7 01	8 05		11 25	13 25	14 28	15 25	16 38	17 25	17 58	19 58 22 28
39	Kirchscheidungen		x6 04	x7 07	x8 11		x11 31	x13 31	14 34	x15 31	x16 44	x17 31	x18 04	x20 04 x22 34
42	Laucha (Unstrut)		6 09	7 12	8 16		11 36	13 36	14 41	15 38	16 51	17 36	18 09	20 09 22 39
47	Balgstädt	Ⓐ 5 06	6 12	7 12	8 16		11 36	13 38	14 41	15 38	16 51	17 36	18 09	20 09 22 39
49	Freyburg (Unstrut)	x5 11	x6 19	x7 15	x8 23		x11 43	x13 44	14 47	x15 44	16 57	x17 43	x18 16	x20 16 x22 46
52	Kleinjena	🅅 5 28	6 23	7 28	8 27		11 47	13 48	14 51	15 48	17 01	17 47	🅃18 20	20 20 22 50
56	Naumburg (Saale) Hbf	x5 27	x6 27	x7 32	x8 31		x11 51	x13 53	14 56	x15 53	x17 06	x17 51	x18 33	x20 24 x22 54
		Ⓐ 5 38	X 6 33	Ⓐ 7 38	8 37		11 57	13 58	Ⓐ 15 01	15 58	17 11	17 57	Ⓐ 18 38	20 30 Ⓐ 23 00
		nach															
	Naumburg (S) Hbf 580	⑤ 5 47	7 15	7 47	9 15		12 15	14 15	15 15	16 15		18 15	18 56	21 15 🅂 23 42
	Halle (Saale) Hbf	⑤ 6 24	7 58	8 24	9 58		12 58	14 58	15 58	16 58		18 58	19 34	21 58 Ⓐ 0 15
	Naumburg (S) Hbf 580	⑤ 5 42	6 42	7 42	8 42		12 10	14 10	15 42	16 10		18 42	19 42	20 42 23 42
	Erfurt Hbf	⑤ 6 34	7 34	8 34	9 34		12 54	14 54	16 34	18 34		18 54	19 34	21 34 0 34

Der Jahresfahrplan 1995/96, jetzt mit Triebwagen der Karsdorfer Eisenbahn, zeigt ein völlig anderes Bild. Zwar liegt der Schwerpunkt noch immer auf dem Südabschnitt, jedoch wurde die Zugfrequenz gesteigert. Durch die Schließung fast aller Betriebe zwischen Artern und Naumburg und die Zunahme des Individualverkehrs ist es nur durch ein modernes Verkehrskonzept möglich, neue Bahnkunden zu gewinnen.

Triebfahrzeugeinsatz auf der Unstrutbahn

Die Nebenstrecke zwischen Kyffhäuser und Saaletal war seit der Eröffnung bis Ende der 60er Jahre fest in der Hand von Länderbahndampflokomotiven der ehemals Königlich Preußischen Eisenbahnverwaltung; genaue Aufzeichnungen jedoch existieren erst ab der Zeit nach 1945. Bis zum Ende des Zweiten Weltkrieges sind Einsätze mit Lokomotiven der BR 38.10 (pr. P 8), 57.10 (pr. G 10) und 74.4 (pr. T 12) auf der Unstrutbahn nachgewiesen. Über die Zeit von der Eröffnung der Bahn bis zur Gründung der Deutschen Reichsbahn im Jahre 1920 lassen sich nur Spekulationen anstellen, denen wir hier nicht nachgehen wollen.

Am Ende des Zweiten Weltkrieges befanden sich in den Bw Artern und Naumburg zahlreiche Maschinen der BR 38.10, 55.25 (pr. G 8.1), zwei 57.10, drei 58.2-20 (pr. G 12), 74.4-13 (pr. T 12) und einige 78er (pr. T 18) sowie ein paar Einzelgänger der Einheitsbaureihen 43, 52, 86 und je eine Lokomotive der Länderbahnreihen 91.3 (pr. T 9.3) und 93.5 (pr. T 14.1), die wohl infolge der Kriegswirren hierher gelangten und auf der Unstrutbahn keine Rolle gespielt haben dürften. Hinzu kommt, daß ein nicht unerheblicher Teil des Lokomotivparkes durch Kriegsschäden dem Betriebsdienst noch nicht zur Verfügung stand.

In der Zeit der Gründung der DDR wurden, nachdem man die Einzelgänger noch in der Besatzungszeit geeigneteren Bws zuordnete, die Baureihen 55.25, 57.10 und 74.4 aus Artern und Naumburg abgezogen. Als Ersatz erhielt Artern einige Lokomotiven der BR 55.0 (pr. G7.1), Naumburg Tenderloks der BR 94.5 (pr. T 16.1). Durch die Verstaatlichung der Privatbahnen gelangten wiederum neue Einzelgänger in den Bestand der Deutschen Reichsbahn, die jedoch bis auf die am 28.08.1953 von Arnstadt nach Naumburg umbeheimatete 98 6102 (ex Langensalzaer Eisenbahn Nr. 196) im Unstruttal kaum zum Einsatz kamen. Zum 30. November 1950 wurde das Bahnbetriebswerk Artern als eigenständige Dienststelle aufgelöst. Der gesamte Lokbestand wurde bis auf 58 1385, die nach Naumburg wechselte, nach Sangerhausen umbeheimatet. Während die drei am Stichtag 01.07.1955 im Bw Sangerhausen stationierten Maschinen der BR 55.25 1957, bzw. 1958 an andere Betriebswerke abgegeben wurden, blieb der ältere preußische Vierkuppler, die BR 55.0, bis in die 60er Jahre hinein im Bestand. Als letzte Lok schied die am 01.12.1950 aus Artern übernommene 55 295 im Frühjahr 1965 aus dem Betriebsdienst aus. In dieser Zeit gelangte sie jedoch nicht mehr auf der Unstrutbahn zum Einsatz. Seit Anfang der 50er Jahre dominierten hier die Baureihen 38.10 und 58.10. Über die Strecke Röblingen am See - Querfurt - Vitzenburg kamen auch Röblinger 94.5 und später Einheitsloks der BR 52 auf die Unstrutbahn.

Am 31. Dezember 1968 wurde das Bahnbetriebswerk Naumburg geschlossen, die beiden noch vorhandenen P 8 und sieben G 12 gelangten in den Bestand des Bw Weißenfels, die Kleinlokomotiven der Reihe Kö wurden innerhalb der Rbd Erfurt verteilt.

Im Jahre 1968 erhielt das Betriebswerk Weißenfels zehn fabrikneue Diesellokomotiven der Baureihe V 100. Zwar waren bis zur Auflösung des Bw Naumburg immer noch dampfbespannte Personenzüge im Unstruttal unterwegs, ab 1969 jedoch dominierte die V 100 im Personenverkehr. 1972 wird als letzte Weißenfelser Dampflok die von der Einsatzstelle Naumburg vorgehaltene 58 1961 z-gestellt. Sangerhausen wurde innerhalb der Rbd Erfurt zum Auslauf-Bw für die BR 38.10. Im Juni 1972 schied dort die 38 2918 als letzte Maschine aus dem Betriebsdienst. Die Zeit der preußischen Dampflokomotiven im Unstruttal, die in den 70er Jahren jedoch keine große Rolle mehr spielten, war damit beendet.

Die Dampffahnen schwerer Güterzüge blieben allerdings bis in die 80er Jahre hinein über den Schienen der Unstrutbahn - Sangerhäuser 44er bewältigten den enormen Transportbedarf des Kalischachtes Roßleben und des Zementwerkes in Karsdorf. Die ölgefeuerten Lokomotiven bewährten sich auf der Strecke gut und erwiesen sich von der Anhängelast her als die "Erlkönige" der Strecke. Die Ölkrise im Herbst 1981 setzte dem Einsatz der 44er wirtschaftliche

Grenzen. So wurde nur noch im Bw vorhandenes Bunkeröl abgefahren, der 44er Einsatz minimiert. Als Ersatz erhielt Sangerhausen im Oktober 1981 sechs Maschinen der BR 52.80, die vor den schweren Zügen jedoch nicht befriedigten. Im März 1982 übernahm eine Sangerhäuser 44er letztmalig einen Güterzug in Karsdorf.

Die Aufgaben im Güterverkehr übernahmen die aus der Sowjetunion stammenden Dieselloks der Baureihen 131 und 132. Seit dem 01.01.1992 in Baureihe 232 umgenummert, sind die letztgenannten Dieselloks heute noch vor den nur noch wenigen schweren Güterzügen als Zuglok zu finden. Daneben machen sich Hallenser und Nordhäuser V 100 im Güterverkehr nützlich.

Ab Januar 1995 erhielt die Baureihe V 100 im Personenverkehr Konkurrenz durch den Einsatz von Leichttriebwagen der BR 772 (frühere VT 2.09, ab 1970 172), der allerdings nur bis zum Fahrplanwechsel im Mai 1995 andauerte.

Seit dem 28. Mai 1995 wird der Personenverkehr mit Triebwagen abgewickelt, die bis 1993 auf der AKN (Altona-Kaltenkirchen - Neumünster) im Einsatz standen. Die Trieb- und Steuerwagen wurden von der AKN 1963 bei MAN beschafft und vor ihrem Einsatz auf der Unstrutbahn von der Karsdorfer Eisenbahn gründlich überholt und im Fahrgastraum nach modernen Maßstäben umgestaltet. Die Fahrzeuge der Karsdorfer Eisenbahn werden zunächst von der Deutschen Bahn AG angemietet und bahnintern als Reihe 780, bzw. 772.9, geführt. Triebwagenführer und Zugbegleitung stellt die DB. Mittelfristig ist aber ein Betrieb in Eigenregie der Karsdorfer Eisenbahn denkbar.

Wolfgang Herdam

Im Sondergüterverkehr gelangten die Karsdorfer Werkslokomotiven bis nach Sangerhausen. Am 03.10.1987 jedoch weilte die grün lackierte V 75 nur in Vitzenburg, um sich von den Teilnehmern einer DMV-Sonderfahrt ablichten zu lassen. Foto: H. Henze

Beheimatungsübersicht der Bahnbetriebswerke

Bw Artern

Stand 01.07.1945

38	1075, 2133, 2261
55	3600, 4414
57	2674, 3225
74	825, 918, 930, 931, 949, 989, 1049, 1064, 1116
78	030, 079, 082, 398, 427, 504
86	715
91	551

Stand 30.11.1950 (Endbestand)

38	2922
55	295, 326, 455, 469, 538, 642, 791
58	313, 1385, 1426, 1453, 1607, 1723
78	030, 079, 223, 240, 449, 497, 504
89	6160[1], 6162[2]

1) ex Kyffhäuser Kleinbahn Nr. 265
2) ex Kyffhäuser Kleinbahn Nr. 270

Bw Naumburg

Stand 01.07.1945

38	1622, 1860, 1873, 2227, 2228, 2946, 3476, 3502
43	007
52	2615
55	2583, 2678, 2889, 2953, 3661, 3662, 5681
58	541, 1454, 1926
74	410, 537, 586, 824, 944
78	033, 034, 053, 076, 401
93	827

sowie vier Kleinloks

Stand 01.07.1955

38 1308, 1622, 1760, 1812, 1873, 2214, 2227, 2228, 2946, 3681

58 1020, 1134, 1385, 1771, 1772, 1775, 1802, 1854, 1973

78 448

94 818, 846, 909, 920, 921, 974, 1189

98 6102[1]

zehn Kleindieselloks und eine V 36

1) Bn2t, ex Langensalzaer Eisenbahn Nr. 196

Stand 01.07.1965

38 1308, 1470, 1521, 1760, 1812, 2214, 2228, 2247, 2841, 2946, 3312, 3584, 3681

58 418, 1020, 1075, 1134, 1258, 1429, 1532, 1607, 1623, 1854, 1876, 1898, 1981, 2064

94 807, 846, 921, 1257, 1335

sowie acht Kleindieselloks

Vom 17.11.1960 bis 28.06.1968 war die 38 2247 in Naumburg stationiert. Das Foto vom Sommer 1962 zeigt die Lok beim Ergänzen der Wasservorräte in ihrem Heimat-Bw. Foto: Slg. M. Leichsenring

Stand 31.12.1968 (Endbestand)

38 1470, 2949

58 1020, 1230, 1532, 1623, 1981, 2064, 2083

sowie sieben Kleindieselloks

Bw Sangerhausen

Stand 01.07.1955

38 1046, 1634, 2247, 2514, 2569, 2794, 2938, 2949, 3254, 3270, 3617, 3782

44 176, 177, 180, 193, 635, 678, 685, 790, 840, 989, 1106, 1333, 1338, 1566

55 219, 295, 326, 669, 745, 772, 791

3112, 3193, 5009[1)]

74 180

78 079

89 5901[2)], 6001[3)], 6164[4)], 6401[5)]

94 1335, 1398, 6776[6)]

98 6003[7)]

eine Kleindiesellok sowie eine V 36

1) ex AL 5009
2) ex Arnstadt-Ichtershausener Eisenbahn Nr. 340
3) ex Wenigentaft-Oechsener Eisenbahn Nr. 6123
4) ex Aschersleben-Schneidlingen-Nienhagener Eb. Nr. 24
5) ex Arnstadt-Ichtershausener Eisenbahn Nr. 372
6) ex Halberstadt-Blankenburger Eisenbahn Nr. 16,
   ex DRG 94 689
7) ex Weimar-Berka-Blankenhainer Eisenbahn Nr. 78

Stand 01.07.1965

38 1694, 1877, 2070, 2514, 2918, 2938, 2949, 3063, 3228, 3254, 3270, 3617, 3782

44 177, 180, 193, 635, 641, 658, 678, 685, 790, 840, 988, 989, 1333, 1338,

1378, 1485

56 2003, 2130, 2238, 2284, 2677, 2809, 2827

58 1125, 1478, 1942, 2106

94 543, 1398, 1806[1)], 6776[2)]

sowie eine V 36

1) ex SNCB 9856
2) ex Halberstadt-Blankenburger Eisenbahn Nr. 16, ex DR 94 689

Stand 01.07.1975

41   036,   122,   136,   144,   260

44   115,   193,   195,   687,   789,   989, 1018, 1040, 1056, 1090, 1101, 1106, 1195, 1286,
1304, 1338, 1378, 1569, 1600, 1623, 1858

65   1072

86   049,   389,   760

Diesel (EDV-Nr.)

100   091

102   101,   163,   164

106   452,   465,   470,   476,   564,   780,   814,   976

110   299,   318,   319,   322,   344,   417,   428,   435,   441,   454,   456

440304 (441304) des Bw Sangerhausen im November 1981 mit dem Nahgüterzug 61464 im Bf Vitzenburg.
Foto: N. Müller

Stand 01.07.1985

44   453[1], 1093[2]

Diesel (EDV-Nr.)

100   589

102   101,   163,   164,   196

105	095, 129
106	452, 465, 470, 476, 564, 814, 976
110	257,
112	251, 268, 288, 318, 319, 321, 371, 432, 460, 507, 528, 539, 543
118	214, 247, 282, 330
132	028, 076, 078, 118, 135, 188, 315, 361, 379, 520, 542, 589, 590, 615, 616, 621, 688

1) Heizlok
2) Traditionslok

Stand 26.12.1993 (Endbestand)

EDV-Nr. ab 01.01.1992

201	208*
202	245, 268, 288, 318, 319, 321, 344, 374, 528, 721
232	036, 104, 113, 120, 142, 177, 188, 197, 300, 325, 333, 405, 468, 542, 615, 689
310	279*, 818
312	118, 164, 195, 196*
345	095, 129
346	099, 452*, 465, 470, 476, 553, 564, 814, 899

*abgestellt

Bw Weißenfels

Stand 01.07.1955

38	1437, 2500, 2525, 2836, 3044, 3063, 3070, 3166, 3245, 3821
44	022, 082, 099, 105, 114, 156, 222, 282, 387, 396, 687, 705, 808, 851, 868, 890, 1056, 1104, 1148, 1152, 1153, 1280, 1409, 1412, 1498, 1539, 1600, 1601, 1608, 1618, 1756
55	3634, 4090, 5269[1], 5421
58	1230, 1456, 1508, 1568, 2064
93	1601, 1602
98	6151[2]

1) ex AL 5269
2) B'B' Mallet, ex Weimar-Berka-Blankenhainer Eb Nr. 84

Stand 01.07.1965

38 2500, 2579, 2836, 3070, 3166, 3215, 3245, 3562, 3724, 3821,

44 054, 082, 099, 105, 156, 222, 353, 387, 395, 561, 687, 705, 795, 851,
1054, 1104, 1148, 1152, 1153, 1409, 1412, 1498, 1553, 1600, 1608, 1756

56 2822, 2843

V 60 1151, 1152, 1153, 1262, 1263

Stand 01.07.1975

Diesellokomotiven (EDV-Nr.)

100 423, 440, 860, 889, 955

101 311, 326, 327, 336, 341, 342

106 151, 152, 153, 213, 219, 242, 243, 244, 262, 263, 356, 961, 962

Jahrzehntelang waren die preusischen G 12 im Unstruttal unentberlich. Die 58 1424 gehörte über den Jahreswechsel 1951/52 zum Bestand des Bw Naumburg. Foto: Slg. M. Leichsenring

110   049, 051, 052, 053, 059, 060, 062, 063, 065, 070, 076, 082, 090, 259, 261, 274, 291, 313, 317

131   003, 004, 005, 008, 011, 013, 014, 018, 019, 022, 027, 031, 033, 034, 039, 040

132   135

Stand 01.07.1985

Diesellokomotiven (EDV-Nr.)

100   425, 434, 440, 471, 714, 772, 818, 860, 926

101   520, 533, 561, 678, 699

106   151, 153, 213, 219, 242, 243, 244, 262, 263, 356, 961, 962

110   020, 023, 051, 052, 053, 059, 060, 065, 070, 076, 082, 090, 097, 100, 144, 208, 348

131   003, 008, 019, 021, 022, 027, 036, 039, 070, 073, 164

132   037, 077, 104, 127, 141, 155, 291, 485

Stand: 28.05.1995 (Endbestand)

EDV-Nr. ab 01.01.1992

201   070, 076, 082, 090, 171, 222, 393

232   009, 220, 375, 415, 506

310   442, 714, 772, 860

311   520, 533, 680

346   100, 219, 244, 263, 414, 421, 962

Andreas Stange

Triebfahrzeugbestand der Karsdorfer Eisenbahngesellschaft mbH

Erstellt: U. Rückriem			Stand: 20.10.1995		
Tfz-Nr.:	Typ:	HSL:	Baujahr:	Herkunft:	Verbleib:
Lok 001	V75	CKD-5075	1961	VEB Zementwerke Karsdorf	Vorgesehen zur Aufarbeitung
Lok 002	V60.2	LEW-18112	1983	Kaliwerk Roßleben, WL 002	Vorgesehen zur Aufarbeitung
Lok 003	V60.2	LEW-16687	1979	Fertighausbau Werder	Einsatz
Lok 004	V75	CKD-5684	1962	VEB Zementwerke Karsdorf (ex. DR-V75 004)	Einsatz
Lok 005	V60.2	LEW-15672	1979	VEB Zementwerke Karsdorf	Leihgabe ICP Potsdam
Lok 006	V60.2	LEW-16965	1980	VEB Zementwerke Karsdorf	In Aufarbeitung bei Mainischer Feldbahn Schwerte
Lok 007	V60.2	LEW-15628	1977	VEB Zementwerke Karsdorf	Einsatz
Lok 008	DH240	Henschel-29981	1960	Mainische Feldbahn Schwerte	Vorgesehen zum Einsatz
Lok 009	V60.2	LEW-10870	1964	Bosch Werk Brotterode	Einsatz
Lok 010	V75	CKD-5077	1961	VEB Zementwerke Karsdorf	Vorgesehen zur Aufarbeitung
Lok 011	V18.5	LOB-261269/5	1963	VEB Zementwerke Karsdorf	Vorgesehen zur Aufarbeitung
Lok 012	V75	CKD-5698	1962	VEB Zementwerke Karsdorf (ex. DR-V75 018)	Einsatz
Lok 201	DG1000	Deutz-58232	1968	AKN-V 2.014	
Lok 202	DG1000	Deutz-57689	1964	AKN-V 2.012	
Lok 204	V180.2	LOB-280113	1967	Chemische Werke Buna	In Aufarbeitung
Lok 205	V100.4	LEW-17729	1983	Kali-Merkers, WL 001	Vorgesehen zur Aufarbeitung
Lok 206	V100.4	LEW	1981		Vorgesehen zur Aufarbeitung
Vt 2.12	MAN	MAN-142779	1956	AKN	Vorgesehen zur Aufarbeitung
Vt 2.13	MAN	MAN-148085	1963	AKN	Einsatz
Vt 2.14	MAN	MAN-148086	1963	AKN	In Aufarbeitung
Vt 2.15	MAN	MAN-148087	1963	AKN	Einsatz
Vt 2.16	MAN	MAN-148088	1963	AKN	Einsatz
Vt 2.17	MAN	MAN-148090	1963	AKN	Einsatz
Vt 2.18	MAN	MAN-148089	1963	AKN	In Aufarbeitung
Vt 2.19	MAN	MAN-148091	1963	AKN	Einsatz
Vt 2.20	MAN	MAN-148092	1963	AKN	Einsatz
VS 2.53	MAN	MAN-148093	1963	AKN	Einsatz
VS 2.54	MAN	MAN-148094	1963	AKN	Einsatz
VS 2.56	MAN	MAN-148096	1963	AKN	Einsatz
109 026	E11	LEW-11209	1963	MIBRAG, Lok 4-1312	Vorgesehen zur Aufarbeitung bei Mainischer Feldbahn Schwerte
109 031	E11	LEW-9942	1963	MIBRAG, Lok 4-1316	Ersatzteilspender
109 032	E11	LEW-9943	1963	MIBRAG, Lok 4-1314	Vorgesehen zur Aufarbeitung bei Mainischer Feldbahn Schwerte

Weitere Fahrzeuge der Baureihen V60.2 und V22.5 sind in Karsdorf zur späteren eventuellen Aufarbeitung vorhanden.

Quellen und Literatur

1. Ungedruckte Quellen

-   Staatsarchiv Magdeburg pC 50 Querfurt A/B no. 2772: Acta des Königlich-Preußischen Landraths Querfurter Kreises betreffend die Unstruteisenbahn von Naumburg a./S. nach Artern.
-   Kreisarchiv Artern, Bestand Gemeinde Gehofen, ohne Archivsignatur: Acta des Amtsvorsteher-Amtes zu Gehofen Kreis Sangershausen betreffend Bau der Eisenbahn Naumburg-Artern.
-   Stadtarchiv Nebra, Bestand Nebra 165: Eisenbahnangelegenheiten
-   Betriebsarchiv Kaliwerk "Heinrich Rau" Roßleben; Anschlußbahnangelegenheiten
-   Stange, Andreas, Lokstatistische Aufzeichnungen

2. Gedruckte Quellen

-   Anzeiger für Artern und Umgebung. Amtliches Organ, Jahrgänge 1886 bis 1890
-   Naumburger Kreisblatt vom 4. Mai 1874, Beilage zu Nr. 68 und vom 17. Januar 1884
-   Naumburger Tageblatt vom 3. Oktober 1939
-   Naumburger Tageblatt vom 12. September 1995
-   Neue Börsenzeitung Nr. 73 vom 30. März 1875
-   Nordhäuser Courier vom 7. April 1872
-   Preußische Gesetzessammlung Nr. 12 - 1884, S. 105
-   Drucksachen von der Eröffnung der Bahn

3. Literatur

-   anonym, Die Unstrutbahn, Broschüre des Comite des Gewerbevereins vom April 1874, Naumburg 1874, 16 S.
-   Lauerwald P., Leipold J., Niemeyer W., 100 Jahre Unstrutbahn 1889-1989. Geschichte und Gegenwart der Eisenbahnstrecke Naumburg (Saale) Hbf – Artern. Artern 1989
-   Pitzen, C.C., Scheidhauer, M., Denkschrift zur Schaffung eines modernen Regionalbahnsystems im Saale-Unstrut-Finne-Gebiet, Weimar, o.J. (1992)
-   Quill, K.P./ Ebel, J., Privatbahnen in der DDR seit 1949 in Reichsbahn-Eigentum, Verlag W. Kohlhammer GmbH, Stuttgart (1982)
-   Erich Schmidt, Die Unstrut als Verkehrsweg, Schriften des Seminars für Verkehrswesen an der Martin-Luther-Universität Halle-Wittenberg, Nr. 17, Halle 1939
-   Wagner, G./Tschirner, T., Mit Dampf durch Deutschland: Deutsche Reichsbahn, Franckh-Kosmos, Stuttgart (1994)

Bildteil I
Die Unstrutbahn von den Fünfziger Jahren
bis zur 100-Jahr-Feier 1989

Preußische Eisenbahnidylle im September 1958 im Bahnhof Artern; Läutewerk, Telegrafenleitung und der markante Wasserturm wichen im Laufe der Jahre dem Fortschritt. Foto: Archiv der Rbd Erfurt

Der VT 135 550 (Lindner 1938, ex T 9 Rennsteig-Frauenwald) diente dem Präsidenten der Rbd und der Politabteilung von 1950-68 als Bereisungsfahrzeug. Im September 1958 wartete der VT im Bf Artern auf die Rückfahrt der Dienstreisenden nach Erfurt. Foto: Archiv der Rbd Erfurt

Straßenseitige Ansicht des Bahnhofs Artern vom 29.04.1975. Der Ikarus-Bus brachte die Berufspendler in die umliegenden Ortschaften. Foto: W. Umlauft/Slg. B. Schröder

Auf seiner Anschlußbahn Bf Roßleben - Schachtanlage betrieb das Kaliwerk "Heinrich Rau" auch öffentlichen Personenverkehr. Werklok 3 brachte im Jahre 1962 einen Schichtzug in den Bf Roßleben. Foto: W. Umlauft/Slg. P. Lauerwald

Die bereits mit geschweißten Wasserkästen versehene 94 830 wartet im Herbst 1961 im Bf Roßleben auf Ausfahrt. Foto: W. Umlauft/Slg. P. Lauerwald

Im November 1981 donnerte die Sangerhäuser 44 0101 mit dem 52498 zwischen Nebra und Wangen durchs Unstruttal. Foto: N. Müller

(linke Seite oben) Am 30.09.1978 führte die 41 1263 einen Sonderzug nach Naumburg durch den schon herbstlichen Bahnhof Gehofen. Foto: S. Schmidt

(linke Seite unten) An einem winterlich trüben Dezembertag des Jahres 1981 beschleunigte die 44 0101 einen Kieszug aus dem Bf Nebra in Richtung Artern. Foto: N. Müller

An einem sonnigen Augustmorgen des Jahres 1981 hatte es die 44 0623 mit dem Staubzug 56250 an der Grabenmühle nicht mehr weit bis Karsdorf. Foto: N. Müller

(rechte Seite oben) Im Dezember 1981 befand sich die 44 0056 nach einer Sonderleistung nach Karsdorf vor Nebra leer auf der Rückfahrt nach Sangerhausen. Foto: N. Müller

(rechte Seite unten) Einfahrt eines Personenzuges Naumburg - Nebra in den Bf Vitzenburg. Zuglok war am 03.10.1987 die Weißenfelser 110 049. Foto: H. Henze

Winterliche Atmosphäre im Januar 1977 im Bf Vitzenburg. Eine 52.80 des Bw Röblingen wartet als Zuglok des P 16552 nach Röblingen arn See auf Anschlußreisende aus dem P 15218, der den Bahnhof gerade in Richtung Artern verläßt. Der Stromausfall im Bahnhofsbereich blieb für den Zugbetrieb ohne Folgen. Foto: R. Lüderitz

(linke Seite oben) Einfahrt des Kohlenstaubzuges 56250 nach Karsdorf in den Bf Vitzenburg. Die Anlagen der örtlichen Zuckerfabrik wurden in den 90er Jahren abgebrochen. Aufnahme September 1981. Foto: N. Müller

(linke Seite unten) Im September 1967 bewältigten die Dampflokomotiven auch noch den Personenverkehr auf der Unstrutbahn. Das Foto zeigt eine Naumburger G 12 in den Wiesen bei Kleinjena. Foto: R. Lüderitz

Eine tschechische T 435 der Karsdorfer Werkseisenbahn schleppt einen langen Güterzug aus dem Bf Karsdorf. Das Bild entstand Mitte der 60er Jahre. Foto: W. Umlauft/Slg. B. Schröder

In den Gleisen 3 und 4 des Zementwerkes Karsdorf warteten im November 1981 zwei lange Güterzüge auf die Ausfahrt. Foto: N. Müller

Einfahrt eines Personenzuges Naumburg - Artern in den Bf Karsdorf am 03.10.1987, gezogen von der, wie fast alle Sangerhäuser Maschinen, gut gepflegten 112 318. Foto: H. Henze

Am 03.10.1987 war die DR-Traditionslok 94 1292 mit einem Sonderzug zu Gast im Unstruttal. Auf dem Foto von H. Henze fährt der Zug in Kirchscheidungen ein.

Seit Anfang der 80er Jahre dominieren die Großdieselloks sowjetischer Herkunft im schweren Güterzug-dienst. Einfahrt eines Güterzuges aus Naumburg in Laucha. (1985) Foto: U. Rückriem

Im September 1983 rollte ein Sonderzug mit der DR-Traditionslok 38 1182 mit westdeutschen Eisenbahn-freunden durchs Unstruttal. Preußische P 8 und Schloß Neuenburg - jahrzehntelange alltäglich. Foto: W. Bischoff

Der Vorkriegsschnelltriebwagen 182 009 wartete am 30.09.1978 im Bf Freyburg als Sonderzug auf die Rückkunft der weinseligen Fahrgäste. Foto: S. Schmidt

Der festlich geschmückte Jubiläumszug am 01.10.1989 im Bf Naumburg. Aufgrund ihres guten Unterhaltungszustandes wurde die auf Kohlefeuerung zurückgebaute Sangerhäuser 44 1093 Traditionslok der DR. Foto: N. Müller

Einhundert Jahre Unstrutbahn ! Die beiden Originalfahrkarten stammen aus der Sammlung des Autors.

Bildteil II
Die Unstrutbahn
im Wandel der Neunziger Jahre

Dunkle Wolken haben sich nach der 100-Jahrfeier über der Unstrutbahn zusammengebraut, denn nicht nur die Schornsteine der Stadt Artern haben sich nach der politischen Wende das Rauchen abgewöhnen müssen; es traf fast alle Gleisanschließer der Bahn! Die Länge des am 09.02.1995 zwischen Reinsdorf und Gehofen fotografierten N 14619 entsprach schon lange nicht mehr dem Bedarf. Foto: W. Herdam

Der Bahnhof Gehofen ist auch heute noch mit einem Fahrdienstleiter besetzt, der gleichzeitig die örtliche Schrankenanlage bedient, Fahrkarten verkauft, Reiseauskünfte erteilt und die Anlagen pflegt.
Foto: W. Herdam

Obwohl schon viele Jahre nicht mehr planmäßig genutzt, befand sich die Stellwerkstechnik aus den 20er Jahren in Donndorf im September 1995 in tadellosem Betriebszustand. Foto: W. Herdam

Der Hinweis für die Reisenden im Bf Donndorf "Zum Trinkbrunen" dürfte noch aus dem vorigen Jahrhundert stammen. Die Fahnenhalterung wurde wohl im Oktober 1989 letztmalig genutzt... Foto: W. Herdam

(rechte Seite oben) Am 05.12.1994 verließ die Weißenfelser 201 222 mit dem N 14619 am Haken die ehemalige Bergarbeiterstadt Roßleben. Foto: W. Herdam

(rechte Seite unten) Die Kaligruben der DDR fielen der Deutschen Einheit zum Opfer. Am 16.05.1993, als der N 14616 aus Naumburg in Roßleben einfuhr, wurde gerade der Verladebunker der örtlichen Schachtanlage "zurückgebaut"... Foto: W. Herdam

Unweit der ehem. Kreuzungsstation Memleben brachte die 232 009 am 21.10.1994 den Güterzug 67229 nach Naumburg. Im Hintergrund die Abraumhalde und der Förderturm des Schachtes Roßleben.
Foto: W. Herdam

Allerhöchsten Komfort genossen die Fahrgäste des N 14618 am 21.01.1995, war der Zug doch aus Schnellzugwagen gebildet! Das Gleis für die Laderampe des Bf Nebra war kurz zuvor abgebaut worden.
Foto: W. Herdam

Nur Anfang 1995 wurden Leichttriebwagen aus dem Bestand der Deutschen Reichsbahn auf der Unstrutbahn eingesetzt. Am 06.05.1995 war der 772 157 als N 14629 vor dem Stadtbild von Nebra unterwegs nach Naumburg. Foto: W. Herdam

Unterhalb der Vitzenburg brachte die 202 353 am 21.02.1995 den N 14618 durch den Zingster Bogen nach Artern.
Foto: W. Herdam

Nur sehr wenig Fracht übernahm die 201 036 vom Bh Halle G am 12.09.1995 im Bf Karsdorf.
Foto: W. Herdam

Im Rahmen einer Sonderfahrt Magdeburg - Naumburg gelangte die Triebwagengarnitur 685 254/ 947 052
am 26.04.1992 auf die Brücke vor Kirchscheidungen. Foto: S. Klein

Eine Minute vor Plan erreichten die Reisenden am 14.06.1992 mit der 202 318 vom Bw Sangerhausen als Zuglok des N 14619 Kirchscheidungen. Links die Reste der Laderampe. Foto: G. Bank

(rechte Seite) Die Nordhäuser 202 288 beschleunigte am 07.05.1994 den N 14614 aus dem Bf Laucha in Richtung Artern. Foto: W. Herdam

Ausfahrt des N 14622 mit der Weißenfelser 232 562 als Zuglok aus dem Bf Laucha. Foto: W. Herdam

Von Artern kommend rollte die 202 245 am 16.04.1994 mit einem Personenzug in Balgstädt ein.
Foto: W. Herdam

Die von Sangerhausen nach Weißenfels umbeheimatete 202 721 führte am 17.10.1994 den N 14620 (Teuchern - Nebra) bei Laucha durchs herbstliche Unstruttal. Foto: W. Herdam

Im Mai 1993 trug der Freyburger Weinkesselwagen neben der neuen Anschrift "KVG Hamburg" noch die Beschriftung aus DDR-Zeiten. Foto: G. Bank

(rechte Seite oben) Zwischenhalt des N 14613 am 07.05.1994 in Freyburg. Rechts neben dem Bahnhofsgebäude der Freyburger Dom. Foto: W. Herdam

(rechte Seite unten) Während für das Schloß Neuenburg Fördermittel in Millionenhöhe fließen, sieht die Zukunft des Nebengebäudes vom Bahnhof Freyburg nicht gerade günstig aus. Foto: W. Herdam

An den Freyburger Weinbergen vorbei zuckelt der am 05.03.1994 mit der Weißenfelser 232 562 reichlich übermotorisierte N 14613 gen Naumburg. Foto: W. Herdam

Im Endbahnhof Naumburg besteht Anschluß in die "große weite Welt des Schienenstranges". Die Doppelstockeinheit, welche die 204 834 am ehem. Bahnbetriebswerk vorbei in den Bahnhof schob, pendelte am 06.09.1994 jedoch nur zwischen Naumburg und Saalfeld. Foto: W. Herdam

Jungfernfahrt der Karsdorfer Triebwagen im Auftrag der DB AG am 28.05.1995: Vor den Resten des ehemaligen Gleisanschließers Zuckerfabrik Roßleben ist der KEG VT 2.13 als RB 15613 auf dem Weg nach Naumburg. Foto: W. Herdam

Entladung eines Gips-Ganzzuges aus Rottleberode im Zementwerk Karsdorf. Die 1972 in Betrieb genommenen Waggonhebebühnen sind heute durch die Lkw-Konkurrenz leider nicht mehr ausgelastet. Foto: W. Herdam

(rechte Seite) In frischer Lackierung präsentierten sich am 12.09.1995 im Karsdorfer Zementwerk die KEG-Lokomotiven 012, 003 und 004 dem Fotografen. Hinter den Nummern 004 und 012 verbergen sich die einstigen DR-Loks V 75 004 und 018. Foto: W. Herdam

Als RB 15613 mußte der VT 2.16 am 24.09.1995 mit dem VS 2.56 im Schlepp bei Roßbach nur noch 1,8 km bis zum Zielbahnhof Naumburg zurücklegen. Foto: W. Herdam

Die Karsdorfer Eisenbahn rekonstruiert und wartet ihre Fahrzeuge in eigener Werkstatt. Am 12.09.1995 befand sich der VS 2.54 kurz vor der Fertigstellung. Foto: W. Herdam